本书系江苏省教育科学"十四五"规划 2021 年度立项重点课题"幼儿园园区

（课题批准号为：B/2021/02/140）

江苏省教学研究 2022 年立项课题"从观察到……幼儿园'阅历课程'的开发与实施研究"

（课题编号：2021JY14-L134）成果

陪着 "蜗牛" 去旅行

幼儿园阅历课程建构与实施

主编　张裔

江苏大学出版社

JIANGSU UNIVERSITY PRESS

镇　江

图书在版编目(CIP)数据

陪着"蜗牛"去旅行：幼儿园阅历课程建构与实施 /
张裔主编. — 镇江：江苏大学出版社，2023.12
ISBN 978-7-5684-2084-6

Ⅰ. ①陪… Ⅱ. ①张… Ⅲ. ①阅读课－教学研究－学
前教育 Ⅳ. ①G613.2

中国国家版本馆 CIP 数据核字(2023)第 249569 号

陪着"蜗牛"去旅行：幼儿园阅历课程建构与实施
Peizhe "Woniu" Qu Lüxing：You'eryuan Yueli Kecheng Jiangou Yu Shishi

主　　编/张　裔
责任编辑/李　娜
出版发行/江苏大学出版社
地　　址/江苏省镇江市京口区学府路 301 号(邮编：212013)
电　　话/0511-84446464(传真)
网　　址/http：//press.ujs.edu.cn
排　　版/镇江市江东印刷有限责任公司
印　　刷/镇江文苑制版印刷有限责任公司
开　　本/710 mm×1 000 mm　1/16
印　　张/15
字　　数/238 千字
版　　次/2023 年 12 月第 1 版
印　　次/2023 年 12 月第 1 次印刷
书　　号/ISBN 978-7-5684-2084-6
定　　价/68.00 元

如有印装质量问题请与本社营销部联系(电话：0511-84440882)

本书编委会

序

拿到这本书稿的时候，我一直在思考。一所有着深厚文化底蕴的幼儿园如何突破自身发展的瓶颈，立足于当下？园区化办园的背景下，如何形成优秀的园区化课程管理模式？镇江市润州区实验幼儿园的张裔园长带领着她的团队，开展阅历课程的课题研究，并形成了园区化课程的成果。这本著作凝聚了镇江市润州区实验幼儿园历任园长和全体教师的心血与努力，为我们做了有益的尝试，提供了宝贵的"实验"经验和重要的启发。

随着时代的发展进步，社会对人才的衡量尺度更加明晰。当前社会更青睐具有高度社会责任感、敏锐洞察力和远见卓识的人才，而成为这样的人才必须在拥有丰富阅历、博览群书后才能实现。阅历课程正是在致力于园区化办园的实际中，积极响应时代的号召，将三个园区的管理与发展纳入此"正轨"思想，从思想和目标上浑然而成的共生之道。各园区共同实践，并根据特色适时调整，以保证从"开端"到"最后一公里"的高效率。

从幼儿视域来看：开发符合幼儿活泼好动、好奇心强的特点的课程和活动，利用幼儿对新鲜事物的好奇心，带领幼儿参与到活动之中，可以使育人效果更加明显。通过活动，幼儿可以探索解决问题的方法，获得知识经验；可以认识到自己的力量，体验到自我的价值，其独立性、专注力、耐心、毅力、主动性及乐观的品质都会在活动中逐渐形成并提升。

从教师视域来看：园区的各位教师可以从中收获良多。在阅历课程建设中，教师更深刻体会到"儿童是主动的学习者"，深入理解了课程游戏化，全面提升了综合素养。了解了幼儿园课程应更加贴近幼儿的实际发展水平，贴近幼儿的学习特点，贴近幼儿的生活、兴趣及需要，从而知道科学观察幼儿行为的重要性，才能正确解读和分析幼儿行为背后的学习与发展关键经验，为幼儿提供适宜的活动内容，逐步形成"科学观察—正确解读—有效支持"的模式，提高教师的课程实施能力。

从学校视域来看：阅历课程有助于实现园区之间的"资源共享"，让各园区能够互相学习、彼此促进、共同成长；也可以发掘园所自身的亮点与特色，有益于各园区的个性化发展，从而为幼儿提供良好的学习环境。从这方面来看，阅历课程有着非常高的实践价值，推进了三个园区保教质量的总体提升。

阅历课程从生本、班本、级本、园本、园区五方面着手探索，其分别表征着在三个园区中针对个别儿童提出的问题来引发儿童探讨的阅历课程、以班级为单位并依托绘本开展的阅历课程、以年级为单位依托社会文化和大自然欣赏开展的阅历课程、以园区为单位依托节日活动开展的阅历课程、以园区"资源共享"为突破点开展的阅历课程。课程以幼儿自主学习为主，通过跨领域学习、跨年级学习及跨园区学习，提高幼儿的探究性和合作性学习能力，促进幼儿全面发展。阅历课程有助于园区保教工作更加科学高效，从观察到支持幼儿发展的多个维度、从思考到实践的多层考量，阅历课程帮助幼儿体验生活，提升综合素养，培养良好品质，以达到整个园区从"共存"到"共生共长"的目的，最终实现"为孩子的快乐人生奠基"的办园宗旨。

江苏省教育厅基教处 陈金鑫

2023 年 10 月 8 日

前言

■**我，与实验幼儿园的一生情意**

人的轨迹往往最先由梦想牵出一条美丽的弧线并折射出诱人的光环。1996 年，我带着自己的梦想，怀着年轻人特有的激情与兴奋迈进了镇江市润州区实验幼儿园（当时的李苑幼儿园）的大门，光荣且幸福地成为一名幼儿园教师。老舍先生初到美丽的大兴安岭看到茫茫林海，他的感觉是舒服与亲切。其实，这种美好的感觉也正是镇江市润州区实验幼儿园给我的印象。

踏进幼儿园的大门，校园的宽阔让人豁然开朗。园林式的环境让人眼前一亮，挂满紫藤的休憩长廊，粉色蔷薇爬满了墙，小竹林、果树林、栀子花的迷宫，还有廊架下挂着的那个有着两排牙印的仿真桃子……这是每一个初入幼儿园的人都能感受到的一种舒服与亲切。除了幼儿园这种外在园林式的风景带给初到者的一种视觉上的美感外，在幼儿园工作了十几年的我所体会到的更是一种内在的心灵上的温暖与启迪。

2008 年，我带着依依不舍之情调离了工作 12 年的地方，去迎接新的挑战与机遇。2019 年，离开 11 年后的我带着不同的身份、不同的使命，再次回到了我魂牵梦萦的地方，那个梦开始的地方……2023 年的秋天，我和我的团队，满怀深情地将自己对幼儿园的深深的爱意，融进这本书中。虽稚嫩，却情意绵绵……

■课程，从这里出发

镇江市润州区实验幼儿园建于 1949 年，与新中国同龄。五易其名，三易其址，三次搬迁，三办分园。回顾幼儿园 74 年来的发展历程，虽历经风雨，饱含沧桑，却始终走在镇江学前教育改革的前列。从 19 年前的科学识字，到新课改背景下的阅读特色，再到《3~6 岁儿童学习与发展指南》背景下的阅历课程；从分科教学走向整合课程，从集体教学走向小组探究，从单元活动走向项目活动，从特色课程走向全面育人，营造全园师生自主思考、交流合作、探究反思、表达展示的学习和成长氛围，从而改变自己、提升自己、成就自己……

校园文化和园本课程不能生搬硬凑，更不能凭空堆砌，必须与幼儿园办园历史一脉相承。幼儿园紧挨"五六月间无暑气，百千年后有书声"的南山昭明太子读书台。多年寻觅，幼儿园在古人喃喃吟诵之声、慢慢浸入之旅中，尝试以阅历课程为切入点，探寻更适切儿童的课程。

因此，我们在充分调研的基础上，基于对区域文化的融合与创新，对办园传统的传承与发扬，确立了阅历课程的研究方向和"慢阅读，深游历，润泽生命之成长"的课程理念。2021 年，幼儿园以江苏省教育科学"十四五"规划课题"幼儿园园区'阅历课程'建设的行动研究"和江苏省教学研究 2022 年立项课题"从观察到……幼儿园'阅历课程'的开发与实施研究"为抓手，在专家团队的引领下，开启了阅历课程的探究之旅……

■孩子，你慢慢来

阅历课程，就是以"陪着蜗牛去旅行"的心态，用"慢"和"深"的理念为儿童设计课程。放慢脚步，陪伴儿童慢慢成长；深度探究，满足儿童真正的需要。让孩子的学习如同一次"快乐的旅行"。

对于成年人来说，旅行的价值可能是看了多少新鲜的风景，去了多少没去过的地方。而对孩子来说，旅行，不过就是好好去玩，不着急赶路，不急着一次把所有景点都看完、所有美食都吃遍。在阅历课程之旅中，我们陪着孩子一起，就像陪着"小蜗牛"，慢慢欣赏，深深探究。关注每一位儿童的发展，相信儿童是有能力的学习者，突出"阅读"与"游历"的协同并进。

孩子有自己认识世界的节奏，我们所能做的，就是尊重他们的速度，并提供可能的支持，让他们按照自己的节奏呼吸与思考。本书从课程理念、目标、内容、实施路径及发展评价阐述"慢阅读，深游历，润泽生命之成长"理念下"生本、班本、级本、园本、园区"五级课程建构与实施的故事，丰富儿童的生活阅历，培育具有未来意识的中国儿童，以实现"为孩子的快乐人生奠基"的办园宗旨。

让孩子们在悠哉的"阅历"旅程中，闻到悠悠花香、感受微风轻柔、聆听鸟叫虫鸣、仰望满天星斗……

孩子，你慢慢来，我陪着你。

张 裔

2023 年 9 月 26 日

目录

第一章 课程背景与条件

第一节 历史文化沿革

润州区实验幼儿园，坐落在素有镇江市"城市山林"之称的南山脚下，是一所文化底蕴积淀深厚、与新中国同龄的"省级示范性实验幼儿园"。自天安门升起第一面五星红旗，新中国已经走过了70多年的奋斗历程，润州区实验幼儿园也在探索实践中历经了70多个春夏秋冬。幼儿园先后荣获"省巾帼文明岗"、"省绿色先进幼儿园"、"省平安校园"、省校园网站评比一等奖，以及"市青年文明号""市教科研先进幼儿园""市教科研基地""市食品卫生等级A级单位""市教师发展基地""市优秀家长学校"等荣誉称号。七十载深酝酿，幼教花飘香，润州区实验幼儿园70多年的发展历程是镇江市学前教育改革发展的最好缩影与见证。七十年磨一剑，润州区实验幼儿园创造了学前教育发展的奇迹，成为学前教育改革发展的一个典范、一个标杆。

一、昨天：如歌岁月，似水流年

1. 1949—1989年（镇江市宝塔路幼儿园）

润州区实验幼儿园创办于1949年，最初是崇真小学（大西路小学的前身）附属幼儿园，设有小、中、大三个班。1953年，幼儿园独立，并迁至宝塔路横街，更名为镇江市宝塔路幼儿园。幼儿园在宝塔路小巷里历经36年的风风雨雨，在全市的各项活动中表现出色，名列前茅（见图1-1、图1-2），因此很多家长慕名而来。

图1-1　歌唱表演《美丽的蝴蝶》获　　图1-2　舞蹈《国宝小熊猫》获
　　市"六一"会演一等奖　　　　　　　　　市文娱会演一等奖

2. 1989—2002年（镇江市李家山幼儿园、镇江市李苑幼儿园）

1989年，镇江市宝塔路幼儿园搬迁至李家山并更名为镇江市李家山幼儿园（见图1-3）。1993年再次更名，改为镇江市李苑幼儿园。在全园教师的不断努力下，幼儿园办学规模不断扩大，由原来的3个班逐步扩至9个班。1994年，幼儿园实现了由镇江市三类园到镇江市一类园的大跨步。2000年10月，幼儿园成为润州区首家江苏省示范性实验幼儿园（见图1-4）。

图1-3　1989年镇江市宝塔路幼儿园　　图1-4　2000年10月被江苏省教育厅
　　搬迁并更名为李家山幼儿园　　　　　　评为"示范性实验幼儿园"

3. 2002—2009年（镇江市润州区实验幼儿园：李家大山）

2002年5月，镇江市李苑幼儿园正式更名为镇江市润州区实验幼儿园（以下简称润州区实验幼儿园，见图1-5）。站在新的起跑线上，幼儿园在市、区教育局的领导下，以科学规范的管理和求实创新的精神，不断取得新的发展成就，逐步成为镇江市润州区幼儿教育的领航者（见图1-6）。

图1-5　2002年的更名仪式

图1-6　《我帮爷爷出主意》获市文艺会演一等奖

4. 2009年（润州区实验幼儿园：天和星城）

2009年，借助城市发展的东风，幼儿园整体搬迁到交通便捷的天和星城小区内，并在此精心打造高品质、高层次的幼儿园（见图1-7、图1-8）。虽然"三迁四址"，但无论地处何处，幼儿园都始终秉持不断学习、不断超越的精神，不断成长，发挥着示范辐射作用，成为润州学前教育的排头兵。

图1-7　总园外观

图1-8　总园操场

本着"名园办分园"的精神，润州区实验幼儿园先后在凤凰家园、新城花园、中海润泽园创办了分园。从"一"到"二"的突破，从"二"到"三"的拓展，从"三"到"四"的跨越，逐步形成"园区化办园"的管理模式，突破了幼儿园的发展瓶颈，推动了润州学前教育内涵式发展。

5. 2011 年（润州区实验幼儿园凤凰家园分园）

2011 年，润州区实验幼儿园于凤凰家园小区设立了润州区实验幼儿园首所分园——润州区实验幼儿园凤凰家园分园（见图 1-9、图 1-10），分园设有 3 轨 9 个班，可容纳 270 名幼儿。分园于 2013 年成功创建为"江苏省优质幼儿园"。2014 年 9 月，润州区实验幼儿园凤凰家园分园实现独立建制。

图 1-9　凤凰家园分园大门

图 1-10　凤凰家园分园门厅

6. 2016 年（润州区实验幼儿园第一分园）

2016 年，润州区实验幼儿园于新城花园三期创建了润州区实验幼儿园第一分园（见图 1-11、图 1-12），分园设有 3 轨 9 个班，可容纳 270 名幼儿。分园先后成功创建为"镇江市优质幼儿园""镇江市教育现代化先进幼儿园""镇江市星级平安校园""江苏省优质幼儿园"。2022 年 9 月，润州区实验幼儿园第一分园实现独立建制。

图 1-11　第一分园大门

图 1-12　第一分园门厅

7. 2021 年（润州区实验幼儿园中海园区）

2021 年，润州区实验幼儿园在中海润泽园小区筹建润州区实验幼儿园中海园区（见图 1-13），并高标准配备园内设施设备（见图 1-14）。其中，标准化配套活动室 12 个，并配有美术室、阅览室、科发室、建构室、棋艺室、多功能室、录播室等多个功能教室，以及会议室、党员活动室、资料室等配套用房，充分满足周边幼儿"就近入园"和"上品质园"的需求。2022 年 9 月正式开园。

图 1-13　中海园区大门

图 1-14　中海园区东面操场

70 多年来，润州区实验幼儿园汇聚了 14 任园长和几百名教师的智慧与辛勤付出，为润州区学前教育培养了大量的园长、副园长、教育行政干部、教科研人才等，成为润州区学前教育管理者的"摇篮"。

凭借独特的思考、多元化的教育探索，以及不断更新的教育理念，润州区实验幼儿园在过去的 10 年里始终走在全市幼教改革的前列，为孩子们营造了快乐的天地，成为幼儿教师幸福的家园，并赢得了社会的赞誉。全体师生用爱心谱写着一串串动人的音符，用奋进奏响了一曲曲美妙的乐章，谱写了润州区实验幼儿园灿烂辉煌的昨天。

二、今天：砥砺前行，芬芳满园

目前，润州区实验幼儿园本部有 12 个班级，分园也有 12 个班级，在园幼儿总数达到 700 余名，教职工总数 90 余名。10 年来，润州区实验幼儿园作为润州幼教的排头兵，以江苏省幼儿园课程游戏化项目共建为依托，以课题为抓手，围绕"阅历"课程，积极探索"慢阅读，深游历，润泽生命之成长"的课程文化。润州区实验幼儿园尊重儿童生命成长的规律，关注和促进每个孩子的需要与发展，成为润州区学前教育示范交流的一个展示平台（见图1-15、图1-16）。

图1-15　园本主题活动

图1-16　亲子合作制作图画书

1. 课程建设

教师根据孩子们的年龄特点，围绕孩子们感兴趣的话题，在孩子们的活动中捕捉教育契机，以"牵着蜗牛去旅行"的心态，沿着"生本—班本—级本—园本—园区"的轨道，持续推进幼儿园课程建设。通过实施五级课程，陪着孩子们用充足的时间沉潜在一本书或一件事中，以"阅"引"历"，以"历"促"阅"，促进幼儿获取体验，丰富阅历，实现全面发展。通过"猜猜我有多爱你"亲子阅读节（见图1-17）、图书漂流等活动的开展，营造出浓郁的书香氛围，培养幼儿爱上阅读、学会阅读，养成良好的阅读兴趣和习惯。同时，幼儿园定期组织孩子开展丰富多样的社会实践活动，如"花婆婆剧场"（见图1-18）、"艾玛游戏节"（见图1-19、图1-20）等，引导幼儿从幼儿园、家庭中走出去，接触社会、融入自然，让他们领略书本之外的知识和经验。

图1-17　亲子阅读节

图1-18　花婆婆剧场

图 1-19　泥巴区游戏

图 1-20　沙水区游戏

2. 师资建设

幼儿园以师德建设为抓手，将立师德、铸师魂作为队伍建设的精神标杆（见图 1-21）。以教师的专业化成长保障幼儿的发展，以研训一体的方式打造润州区师资培养和人才输送的实训基地。幼儿园以"青年教师成长"为切入点，以"名师培养"和"四有"好老师培养为核心（见图 1-22），以"研训合一"的理念构建了一支由"精英"教师领衔，以骨干教师为主体，师德修养良好，专业知识丰富，实践技能扎实，整体水平齐整的团结向上的教师队伍。

图 1-21　师德师风话题研讨

图 1-22　新时代"四有"好老师宣誓

3. 家园共建

幼儿园坚持幼儿园、家庭、社区"三位一体"的共育理念，成立班级、年级、幼儿园三级"家长委员会"，并设立每月一次的家长助教活动，让家长从站在幼儿园大门之外的"教育看客"，转变为幼儿园教育的"当事人",成为幼儿园的教育伙伴(见图1-23、图1-24)。

图1-23 "重走长征路"亲子活动   图1-24 "大手拉小手"爱心义卖活动

第二节 课程发展历程

幼儿园课程发展历程见表1-1。

表1-1 幼儿园课程发展历程

时间	办园宗旨	实施课程	课程特色
1949—1995 年	—	分科教学课程(人民教育出版社),包括体育、计算、美术、语言、常识	—
1995—1998 年	—	单元教学(南京鼓楼幼儿园编写)	—
1998—2004 年	—	五大领域(南京师范大学出版社)	科学认读识字、珠心算
2004—2010 年	为孩子的快乐人生奠基	五大领域(南京师范大学出版社)	经典诵读(三字经、唐诗)、韵律活动
2010—2015 年	为孩子的快乐人生奠基	幼儿园综合主题活动(江苏省教研室编写)	绘本阅读(情景阅读、分级阅读)

时间	办园宗旨	实施课程	课程特色
2015—2018 年	"阅生活之美、蕴品质之园"的办园理念 "快乐阅读、品味生活、共同成长"的办园特色	幼儿园综合主题活动（江苏省教研室编写）	特色课程：双生课程
2018—2022 年	为孩子的快乐人生奠基 课程文化：慢阅读，深游历，润泽生命成长	幼儿园综合主题活动（江苏省教研室编写）	园本课程：阅历课程
2022 年至今	为孩子的快乐人生奠基 课程文化：慢阅读，深游历，润泽生命成长	无文本教材支撑的五级阅历课程	园本课程：阅历课程

从以前的科学认读识字，到新课改背景下的阅读特色，再到《3~6岁儿童学习与发展指南》（以下简称《指南》）背景下的阅历课程，幼儿园在不断发展的课程理念引领下，经历着变革。经过长期的幼儿阅读特色教育实践探索，幼儿园开启了探寻阅历课程之路。幼儿园在"为孩子的快乐人生奠基"的办园理念指引下，探寻更适切儿童的课程，以阅读为切入点，遵循儿童发展规律，坚持以开发潜能、彰显个性、多元发展为目标，推动幼儿园保教质量持续提升。

第三节 优势与不足

课程实施既要以幼儿园的优势资源为依托，同时也要针对当前的劣势与不足，采取一定的行动策略，提高课程的实施质量，更好地服务于幼儿。幼儿园从地域资源、人力资源、幼儿发展三方面分析优势与不足，并提出了行动策略。地域资源主要包括园内和园外的资源，人力资源包括教师和家长。

一、课程实施地域资源分析

课程实施地域资源分析见表1-2。

表1-2 课程实施地域资源分析表

地域	优势	不足	行动策略
园内	1. 具备江苏省示范幼儿园的配套资源，幼儿园和社区联系紧密，与家长沟通顺畅 2. 园内环境优美，设有菜地，设施配备完善，功能齐全 3. 园内四季植被有龙爪槐、铁线莲、油菜花等 4. 园内四季动物有蝌蚪、蜗牛、蚕、乌龟、金鱼等	1. 户外场地明显不足、园内光照不足，种植园地里的植物数量、种类有限 2. 园内四季植被变化不明显，无果树，无秋、冬季落叶树 3. 园内无沙池、戏水池等	1. 通过媒体等宣传方式争取社区、家长及社会其他成员的认可和支持，充分利用这些资源，共同开展各类活动 2. 统筹社区、家长及社会各界的资源，建成资源库，配合园内课程小组丰富幼儿园课程
园外	1. 地处南山脚下和万达商业圈周边，属于较为成熟的社区，社区文化氛围较好，与幼儿园配合度较高 2. 社区资源丰富，配套完备，有学校、银行、菜场、超市、广场等，距幼儿园较近，适合幼儿外出参观或活动 3. 幼儿园临近"五六月间无暑气，百千年后有书声"的南山昭明太子读书台。南山文化历史悠久，人文景观资源丰富，南山风景区、花鸟市场等都可成为课程资源	1. 以往周边资源利用较少，缺乏资源开发的基础 2. 南山读书台文化及南山风景区景观尚未开发为课程资源	1. 利用小区绿化资源助力阅历课程的开展 2. 结合主题开展一系列活动，比如买菜、参观小学等 3. 以调查、参观等方式生成阅历实践系列活动

二、课程实施人力资源分析

课程实施人力资源分析见表1-3。

表1-3　课程实施人力资源分析表

人力	优势	不足	行动策略
教师情况	1. 拥有一支积极向上、师德素质高的教师群体 2. 教师整体学历水平较高，大专及以上学历达100% 3. 市"169"骨干教师1名，市"169"教坛新秀1名，区骨干教师2名，占教师比例的13.3% 4. 具备形式多样且持续性强的培训机制，教师整体理念较先进、实践能力较强 5. 经过多年的课程建设，教师具有一定的课程观 6. 家长对教师的认可度较高	1. 新老交替衔接不够顺畅 2. 骨干教师数量较少，引领出现断层 3. 教师更替较快，部分教师的课程执行力较弱	1. 采用一老一新搭配的方式，通过"老带新"提升新老师的专业技能 2. 分层教研使各层次的老师都能找到各自的发展目标和实施方向，且都有收获 3. 青年骨干教师积极参加区里组织的干部培训班，接受系统培养
家长情况	1. 家长的学历层次和文化素质较高 2. 家长资源丰富，已营造出友好的家园氛围 3. 分层建立"家委会"，使有能力的家长参与、支持课程建设	1. 家庭中祖辈与父母教育要求、方式的不协调现象明显 2. 没有家长代表定期参与研讨课程建设工作	1. 组织"家长半日活动开放"，鼓励家长参与幼儿的半日活动 2. 定期开展"家长助教"活动，邀请专家或者有相关优势的家长举办讲座分享育儿经验 3. 邀请家长代表参与课程规划及课程建设研讨

三、幼儿发展情况分析

幼儿发展情况分析见表1-4。

表1-4　幼儿发展情况分析表

	优势	不足	行动策略
幼儿情况	1. 生源质量相对较高 2. 每个学期对幼儿发展进行测评和干预，幼儿整体发展水平较高 3. 幼儿家庭经济背景良好，教育支持力度较大 4. 富有个性	1. 祖辈教养居多，部分幼儿习惯的培养、情绪的掌控及处理能力相对较弱 2. 幼儿的学习品质有待加强	1. 开展园本化课程的实施和审议工作，均衡各领域的活动，促使幼儿各方面得以完整发展 2. 创设学习性区域、开展分组教学，确保每个幼儿都能获得充分指导，从而培养良好的行为习惯和学习态度

第四节　课程理论与内涵

一、课程理论基础

1. 陈鹤琴单元主题课程

陈鹤琴先生的单元主题课程思想认为，课程内容选择的原则和出发点在于儿童的生活，以及儿童生活的环境，而儿童的环境不外乎自然环境和社会环境两种，这两种环境是儿童天天接触到的。因此，幼儿园的课程应当以自然和社会为中心。

阅历课程吸纳了陈鹤琴先生的主张，以单元课程为参考。课程内容取自大自然、源于幼儿生活；课程架构基于幼儿的发展特点，注重整合性、连续性；课程实施强调直接经验在幼儿发展中的作用，强调儿童的主动性、实践性。课程的内容选择以儿童现有的生活经验和儿童的兴趣为依据，以大自然、社会作为教育的"活教材"，巧妙地将课程经验转化为儿童的经验，鼓励儿童自己动手尝试、亲身体验。把儿童带到大自然中，让儿童获得有关自然的经验，让儿童自己去发现、去探索；把儿童带出幼儿园参观或参加社会活动，让儿童获得有关社会的经验。教师的作用则是创造条件激发儿童的创造兴趣，培养儿童的创造能力，鼓励儿童去做自己想做的和能做的事。

2. 杜威经验主义课程

美国著名教育理论家和实践家杜威以经验为基础，提出了 4 个具体主张：教育即经验的改造和不断重组；教育即生长；教育即生活；教育是一个社会的过程。他认为，课程的组织必须围绕着儿童的需要和经验，通过这种课程，儿童能够自我发展，自由发挥主动性和创造性的本能。为此，他进一步提出，课程设计要符合儿童的需要、本能和兴趣，学校科目相互联系的真正中心，正是儿童本身的社会活动。儿童及其生活显然是杜威设计课程的重要出发点，甚至是中心。

阅历课程的架构和实施也是在充分考量儿童兴趣、发展需求、认知发展阶段的基础之上进行的。阅历课程关注儿童发展的逻辑、关注儿童的兴趣、需要和已有经验，使儿童成为课程内容的选择者。在课程实施过程中，阅历课程重视儿童主动学习的过程，支持幼儿在接触自然、体验生活的各种活动中获取经验，学会主动学习。

3. 瑞吉欧教育理念

瑞吉欧教学法发源于意大利，它的特点是强调孩子的自主性学习，选择主题时不是以教师为主导，而是充分重视儿童的兴趣，教师再加以引导。专家、学者、家长和教师多方合作，帮助孩子发展主题，开展各种活动。瑞吉欧教育的成就应该归功于这种"走进儿童心灵"的儿童观。瑞吉欧教育强调"互动关系"和"合作参与"。

互动合作是瑞吉欧教育取向的一个重要理念，也是贯彻在整个教育活动过程中的一项原则。阅历课程强调教师和儿童的互相沟通，通过观察、一对一倾听、解读及支持的不断循环，来促成教育活动相互引导的过程。阅历课程中儿童的学习不是独立建构的，而是在诸多条件下于家长和教师、同伴的相互作用过程中建构的，儿童是在特定的文化背景中建构知识、情感和人格的。

二、课程内涵

基于以上教育理论及儿童的发展特点和需求，立足于我园近20年的课程发展，我们将阅历课程的课程理念定位为：慢阅读，深游历，润泽生命成长。以"牵着蜗牛去旅行"的心态，沿着"生本—班本—级本—园本—园区"五级课程内容的轨道用充足的时间陪孩子沉潜在一本书或一件事中，获取体验，丰富阅历，促进儿童全面发展。

1. 阅历

"阅"是指阅读世界，"历"是指亲历成长。"阅历"是指亲身见过、听过或做过，以及对这些经历的理解和收获的知识，可以是亲身体验的，也可以是通过学习获得的。

2. 阅历课程

我们将"阅读"课程拓展为"阅历"课程，因为"阅历"课程关注幼儿的需要和发展，相信幼儿是有能力的学习者，突出"阅读"与"亲历"的协同并进，凸显"自然、社会、生活都是活教材"的教育理念，是一种充满生机、多元且丰富的课程（见图1-25、图1-26、图1-27、图1-28）。

图1-25　"年货大街"游戏活动　　图1-26　"小鬼当家"——走进菜市场

图1-27　走进农场挖山芋

图1-28　走进醋文化博物馆

　　这里的阅历课程指的并非只是教案，而是涵盖整个的教育环境、活动材料和教育策略。教师及时捕捉（观察）幼儿在活动中的兴趣，解读幼儿行为背后的学习与发展关键经验，为幼儿提供适宜的课程内容，以此帮助幼儿获得经验，丰富生活阅历。

　　阅历课程以幼儿自主学习为主，从观察到支持、从观察到评价，将学习的主动权交给幼儿。幼儿能够自主选择，与自然、社会、环境充分互动，自主发现问题、解决问题，进行探究性学习、跨领域学习、跨年级学习和跨园区学习，实现全面发展。通过阅书本、阅社会、阅自然、阅文化，幼儿得以收获一系列亲身体验、自主探究的学习经历，同时，幼儿园也逐步形成"科学观察—正确解读—有效支持"的课程样态。通过阅历课程，幼儿不仅可以学习解决问题的方法，获取知识经验，而且可以认识到自身的力量，体验到自我的价值，独立性、专注性、耐心、毅力、主动性、乐观等品质都会在活动中逐渐养成。幼儿园致力于丰富儿童的生活阅历，培育具有未来意识的儿童，以达成"为孩子的快乐人生奠基"的办园宗旨。

第二章　课程目标与内容

第一节　课程目标

在办园目标及课程理念的引领下，幼儿园结合《指南》、《幼儿园教育指导纲要（试行）》（以下简称《纲要》），设置了课程总目标、年龄段目标和具体活动目标。

（一）课程总目标：在阅历课程中润泽孩子的生命成长

积极探索"慢阅读，深游历，润泽生命之成长"的课程文化，培养有合作力（德）、有创造力（智）、有奔跑力（体）、有表现力（美）、有劳动力（劳）的阅历丰富、具有未来意识的社会公民，促进幼儿全面发展。

有合作力（德）：自尊自信、自我认同、互助交往、合作学习。
有创造力（智）：好奇好问、乐于探索、善于质疑、勇于创造。
有奔跑力（体）：体魄健康、意志坚强、乐观积极、独立自主。
有表现力（美）：敢言乐言、大胆表达、用心感受、自我欣赏。
有劳动力（劳）：崇尚劳动、热爱劳动、辛勤劳动、诚实劳动。

（二）年龄段目标

参照《指南》，结合阅历课程总目标，润州区实验幼儿园将大、中、小班各年龄段的目标园本化，以便更好地落实课程，指导教师进行课程实施。各年龄段发展目标见表2-1至表2-3。

表 2-1　阅历课程 3~4 岁幼儿发展目标

发展领域	具体目标
健康领域	心理健康： 1. 情绪比较稳定，很少因一点儿小事哭闹不止。 2. 不高兴时能听从成人的哄劝，较快地平静下来。 3. 能在较热或较冷的户外环境中愉快地活动。 4. 换新环境时情绪能较快稳定，睡眠、饮食保持正常。 5. 在成人帮助下能较快适应集体生活。 6. 不跟陌生人走，不接受陌生人给的东西。 7. 在成人提醒下能注意安全，不做危险的事。 8. 在公共场所走失时，能向警察或有关人员说出自己的名字、家庭地址、家长的名字或电话号码。 身体健康： 1. 能沿地面较细的直线或在 20 厘米宽、20 厘米高的物体上行走一段距离。 2. 能双脚灵活且协调地交替上下楼梯。 3. 能身体平稳地双脚连续向前跳 5 米左右。 4. 分散跑时能躲避他人的碰撞。 5. 能双手向上抛球，并接住下落的球。 6. 能双手抓杠悬空吊起 10 秒左右。 7. 能单手将沙包向前投掷 2 米左右。 8. 能单脚连续向前跳 2 米左右。 9. 能快跑 15 米左右，能行走 1 千米左右（途中可适当休息）。 10. 喜欢用笔进行涂涂画画，能用剪刀沿直线剪，边线基本吻合。 11. 不用脏手揉眼睛，连续看电视不超过 15 分钟。 12. 能熟练地使用勺子进食。 13. 愿意饮用白开水，不贪喝饮料。 14. 在成人提醒下能按时睡觉和起床，并能坚持午睡。 15. 在成人提醒下能养成每天早晚刷牙的好习惯。 16. 在成人引导下不偏食、不挑食，喜爱吃瓜果、蔬菜等新鲜食品
语言领域	1. 别人对自己说话时能专注倾听并做出回应。 2. 能听懂日常的会话。 3. 愿意在熟悉的人面前说话，能大方地与人打招呼。 4. 基本会说本民族或本地区的语言。

续表

发展领域	具体目标
语言领域	5. 愿意表达自己的需要和想法，必要时能辅以手势动作。 6. 能口齿清晰地说童谣或复述简短的故事。 7. 与别人讲话时懂得眼睛要看着对方。 8. 能参与复杂且持久的角色扮演游戏，有计划地使用扮演道具玩扮演游戏，有计划地创造出愈发复杂的象征游戏。 9. 说话自然流畅，声音大小适中。 10. 能在成人的提醒下运用恰当的礼貌用语。 11. 主动要求成人讲故事、读图书。 12. 喜欢跟读韵律感强的儿歌、童谣。 13. 爱护图书漂流和图书室的图书，不乱撕乱扔。 14. 能听懂短小的儿歌或故事。 15. 能观察画面，并根据画面说出图中有什么、发生了什么事等。 16. 能理解图书上的文字和画面是相互对应的，文字是用于表达画面意义的。 17. 喜欢用涂涂画画来表达特定的意思
社会领域	1. 能主动且礼貌地和长辈、同伴打招呼，知道要尊敬长辈。 2. 能主动与同伴参与游戏活动，学习与同伴友好相处。 3. 想加入同伴的游戏时，能友好地提出请求。 4. 在成人指导下，不争抢、不独霸玩具。 5. 与同伴发生冲突时，能听从成人的劝解。 6. 能根据自己的兴趣选择体能循环游戏、班级游戏和公共区域游戏。 7. 为自己的良好行为或活动成果感到高兴。 8. 自己能做的事情愿意自己做。 9. 喜欢承担食育课程、班级值日的一些小任务。 10. 长辈讲话时能认真听，并能听从长辈的要求。 11. 身边的人生病或不开心时能表示同情。 12. 在提醒下能做到不打扰他人。 13. 喜欢、熟悉幼儿园的生活，感到安全。 14. 在成人提醒下能遵守游戏和公共场所的规则。 15. 知道未经允许不能拿别人的东西，借别人的东西要归还。 16. 在成人提醒下能爱护玩具和其他物品。 17. 知道家庭成员的关系，体会到自己是家庭的一员。 18. 亲近并信赖长辈，对养育自己的人怀有感激之情。 19. 认识国旗，会哼唱国歌和《我和我的祖国》，了解观看升旗仪式的礼仪

续表

发展领域	具体目标
科学领域	自然科学： 1. 喜欢亲近大自然，对周围的很多事物和现象充满兴趣。 2. 经常问各种问题，或好奇地摆弄物品。 3. 对感兴趣的事物能仔细观察，发现其明显特征。 4. 能用多种感官或动作去探索物体，关注动作所产生的结果。 5. 能认识常见的动植物，注意并发现周围的动植物具有多样性。 6. 能感知和发现物体和材料的软硬、光滑程度等特性。 7. 能感知和体验天气对自己生活和运动的影响。 8. 初步了解和体会动植物和人们生活的关联。 数学认知： 1. 能感知和发现周围物体的形状是多种多样的，对不同的形状感兴趣。 2. 能体验和发现生活中很多地方都用到了数字。 3. 能感知和区分物体的高矮、长短等量方面的特点，并能用相应的词语来表述。 4. 能通过一一对应的方法比较两组物体的多少（数量在 5 以内）。 5. 能手口一致地点数 5 个以内的物体，并能说出总数，能按数取物。 6. 能用数词描述事物或动作，如"我有 4 本图书"。 7. 能注意物体较明显的形状特征，并能用自己的语言进行描述。 8. 能感知物体基本的空间位置与方位，理解上下、前后、里外等方位概念
艺术领域	美术： 1. 增进对各种常用色的认识，如紫、青、咖啡色等。 2. 能区别圆形、方形与半圆形的不同画法，并能用以上图形与线条组合创作图像。 3. 喜欢观看花草树木、日月星空等大自然中美的事物。 4. 乐于观看绘画、泥塑或其他艺术形式的作品。 5. 能用自己喜欢的方式进行表达和表现。 6. 能用简单的线条和色彩大致画出自己想画的人或物。 7. 喜欢操作易于使用的美术工具和材料，逐步掌握使用它们的方法，以进行自我表现。 8. 运用熟悉和喜欢的图形、材料进行多种简单装饰。

续表

发展领域	具体目标
艺术领域	9. 能用简单的线条和色彩大胆地进行涂鸦。 10. 对色彩敏感,初步学会自由选用喜爱的颜色作画,体验手掌印画、手指点画、棉签画等多种形式的艺术活动。 音乐: 1. 容易被自然界中的鸟鸣、风声、雨声等声音吸引。 2. 喜欢听音乐或观看舞蹈、戏剧等表演。 3. 经常自唱或模仿有趣的动作、表情和声调。 4. 能模仿学唱短小的歌曲,能跟随熟悉的音乐做出身体动作。 5. 能用声音、动作、姿态模拟自然界的事物和生活情景。 6. 能感受音乐明显的变化。 7. 基本能随音乐的明显变化改变动作。 8. 能一拍一下地做拍手、点头等模仿动作

表2-2 阅历课程4~5岁幼儿发展目标

发展领域	具体目标
健康领域	心理健康: 1. 经常保持愉快的情绪,不高兴时能较快缓解。 2. 有比较强烈的情绪反应时,能在成人的提醒下逐渐平静下来。 3. 愿意把自己的情绪告诉亲近的人,去分享快乐或求得安慰。 4. 能在较热或较冷的户外环境中连续活动半小时左右。 5. 换新环境时较少出现身体不适的状况。 6. 能较快适应人际环境中发生的变化。如换了老师能较快适应。 7. 知道在公共场合不远离成人的视线单独活动。 8. 认识常见的安全标志,能遵守安全规则。 9. 运动时能主动躲避危险。 10. 知道简单的求助方式。 身体健康: 1. 能双手抓杠悬空吊起15秒左右。 2. 能单手将沙包向前投掷4米左右。 3. 能单脚连续向前跳5米左右。 4. 能快跑20米左右。 5. 能连续行走1.5千米左右(途中可适当休息)。 6. 能沿边线较笔直地画出简单图形,或能使边线基本对齐地折纸。

续表

发展领域	具体目标
健康领域	7.　会用筷子进餐。 8.　能沿轮廓线剪出由直线构成的简单图形，且边线吻合。 9.　每天按时睡觉和起床，并能坚持午睡。 10.　喜欢参加体育活动。 11.　不偏食、挑食，不暴饮暴食。喜欢吃瓜果、蔬菜等新鲜食品。 12.　喜欢食育课程，能自己清洗蔬菜。 13.　常饮白开水，不贪喝饮料。 14.　知道保护眼睛，不在光线过强或过暗的地方看书，连续看电视等不超过 20 分钟。 15.　每天早晚刷牙、饭前便后洗手，方法基本正确。 16.　能自己穿脱衣服、鞋袜和扣纽扣。 17.　能整理自己的物品
语言领域	1.　在群体中能有意识地听与自己有关的信息。 2.　能结合情境感受不同语气、语调所表达的不同意思。 3.　方言区和少数民族幼儿能基本听懂普通话。 4.　愿意与他人交谈，喜欢谈论自己感兴趣的话题。 5.　会说本民族或本地区的语言，基本会说普通话。少数民族聚居地区幼儿能用普通话进行日常会话。 6.　能基本完整地讲述自己的所见所闻和经历的事情。 7.　讲述比较连贯。 8.　别人对自己讲话时能回应。 9.　能根据场合调节自己说话声音的大小。 10.　能主动使用礼貌用语，不说脏话、粗话。 11.　反复看自己喜欢的图书。 12.　爱护图书漂流和图书室的图书，不乱撕乱扔，能修补。 13.　喜欢把听过的故事或看过的图书讲给别人听。 14.　对生活中常见的标识、符号感兴趣，知道它们表示一定的意义。 15.　愿意用图画和符号表达自己的愿望和想法。 16.　在成人提醒下，写写画画时姿势正确
社会领域	1.　喜欢和小朋友一起玩游戏，有经常一起玩的小伙伴。 2.　喜欢和长辈交谈，有事愿意告诉长辈。 3.　会运用介绍自己、交换玩具等简单技巧加入同伴游戏。

发展领域	具体目标
社会领域	4. 对大家都喜欢的东西能轮流分享。 5. 与同伴发生冲突时能在他人帮助下和平解决。 6. 活动时愿意接受同伴的意见和建议。 7. 不欺负弱小。 8. 能按自己的想法进行游戏或其他活动，如设计体能循环游戏。 9. 知道自己的一些优点和长处，并对此感到满意。 10. 自己的事情能尽量自己做，不依赖别人。 11. 敢于尝试有一定难度的活动和任务。 12. 会用礼貌的方式向长辈表达自己的要求和想法。 13. 能注意到别人的情绪，并有关心、体贴的表现。 14. 知道父母的职业，能体会到父母为养育自己所付出的辛劳。 15. 愿意并主动参加幼儿园的群体活动。 16. 愿意与家长一起参加社区的一些群体活动。 17. 感受规则的意义，并能基本遵守规则。 18. 不拿不属于自己的东西。 19. 知道说谎是不对的。 20. 知道接受了的任务一定要完成。 21. 在提醒下能节约粮食、水电等。 22. 喜欢自己所在的幼儿园和班级。 23. 能说出自己家庭住址所在地的省、市、县（区）名称，知道当地有代表性的物产或景观。 24. 知道自己是中国人。 25. 奏国歌、升国旗时能自觉站好，大声唱国歌
科学领域	自然科学： 1. 喜欢接触新事物，经常问一些与新事物有关的问题。 2. 常常动手动脑探索物体和材料，并乐在其中。 3. 能对事物或现象进行观察比较，发现其相同与不同之处。 4. 能根据观察结果提出问题，并大胆猜测答案。 5. 能通过简单的调查收集信息。 6. 能用图画或其他符号记录信息。 7. 能感知和发现动植物的生长变化及相应的基本条件。 8. 能感知和发现常见材料的溶解、传热等性质或用途。

续表

发展领域	具体目标
科学领域	9. 能感知和发现简单物理现象，如物体形态或位置的变化等。 10. 能感知和发现不同季节的特点，体验季节对动植物和人的影响。 11. 能初步感知常用科技产品与自己生活的关系，知道科技产品有利也有弊。 数学认知： 1. 在成人指导下感知和体会有些事物是可以用形状来描述的。 2. 在成人指导下感知和体会有些事物是可以用数字来描述的，对环境中各种数字的含义有进一步探究的兴趣。 3. 能感知和区分物体的粗细、长短、厚薄、轻重等量方面的特点，并能用相应的词语描述。 4. 能通过数数比较两组物体的多少。 5. 能通过实际操作理解数与数之间的关系，如5比4多1、2和3合在一起是5等。 6. 会用数词描述事物的顺序和位置。 7. 能感知物体的形体结构特征，画出或拼搭出该物体的造型。 8. 能感知和发现常见几何图形的基本特征，并能进行分类。 9. 能使用上下、前后、里外、中间、旁边等方位词描述物体的位置和运动方向
艺术领域	美术： 1. 能在欣赏自然界和生活环境中美的事物时关注其色彩、形态等特征。 2. 喜欢聆听各种好听的声音，感知声音的高低、长短、强弱等变化。 3. 能够专心地观看自己喜欢的文艺演出或艺术品，有模仿和参与的愿望。 4. 欣赏艺术作品时会产生相应的联想和情绪反应。 5. 喜欢用绘画、捏泥、手工制作等方式表现自己的所见所想。 6. 能运用绘画、手工制作等表现自己观察到或想象的事物。 音乐： 1. 经常唱唱跳跳，喜欢参加歌唱、律动、舞蹈、表演等活动。 2. 能用自然的、音量适中的声音基本准确地唱歌。 3. 能通过即兴哼唱、即兴表演或给熟悉的歌曲编词来表达自己的心情。 4. 能用拍手、踏脚等身体动作或可敲击的物品敲打节拍和基本节奏

表 2-3 阅历课程 5~6 岁幼儿发展目标

发展领域	具体目标
健康领域	心理健康： 1. 经常保持愉快的情绪，知道引起自己消极情绪的原因，并能努力化解。 2. 表达情绪的方式比较适度，不乱发脾气。 3. 能随着活动的需要较快地转换情绪和注意。 4. 能在较热或较冷的户外环境中连续活动不少于半小时。 5. 天气变化时较少感冒，能适应车、船等交通工具造成的轻微颠簸。 6. 能较快融入新的人际关系环境，如换了幼儿园或班级能较快适应。 身体健康： 1. 能在斜坡、荡桥和有一定间隔的物体上较平稳地行走，并能快速通过。 2. 能以手脚并用的方式安全地爬攀爬架、攀爬网等。 3. 能连续跳绳。 4. 能躲避他人滚过来的球或扔过来的沙包。 5. 能连续拍球。 6. 能双手抓杠悬空吊起 20 秒左右。 7. 能单手将沙包向前投掷 5 米左右。 8. 能单脚连续向前跳 8 米左右。 9. 能快跑 25 米左右。 10. 能连续行走 1.5 千米以上（途中可适当停歇）。 11. 能根据需要画出图形，线条基本平滑。 12. 能熟练使用筷子。 13. 能沿轮廓线剪出由曲线构成的简单图形，边线吻合且平滑。 14. 能使用简单的劳动工具或用具。 15. 养成每天按时睡觉和起床的良好习惯。 16. 能主动参加体育活动。 17. 吃东西时细嚼慢咽。 18. 主动饮用白开水，不贪喝饮料。 19. 喜欢食育课程，能自己清洗蔬菜，并进行简单摆盘。 20. 主动保护眼睛，不在光线过强或过暗的地方看书，连续看电视不超过 30 分钟。 21. 每天早晚主动刷牙，方法正确。

续表

发展领域	具体目标
健康领域	22. 能根据冷热增减衣服。 23. 会自己系鞋带。 24. 能按类别整理好自己的物品。 25. 未经家长允许不给陌生人开门。 26. 能自觉遵守基本的安全规则和交通规则。 27. 运动时能避免给他人造成危险。 28. 知道一些基本的防灾知识
语言领域	1. 在集体中能注意听老师或其他人讲话。 2. 听不懂或有疑问时能主动提问。 3. 能结合情境理解一些表示因果、假设等相对复杂的句子。 4. 愿意与他人讨论问题，敢在众人面前说话。 5. 会说普通话，发音准确、清晰，少数民族聚居地区幼儿会用普通话进行日常简单会话。 6. 能有序、连贯、清楚地讲述一件事情。 7. 讲述时能使用常见的形容词、同义词等，语言比较生动。 8. 别人讲话时能积极回应。 9. 能根据谈话对象和需要，调整说话的语气。 10. 懂得按次序讲话，不随意打断别人。 11. 能依据所处情境使用恰当的语言，如在别人悲伤时会用恰当的语言进行安慰。 12. 经常专注地阅读图书。 13. 爱护图书室的图书，不乱撕乱扔，能查找缺漏页并修补。 14. 喜欢与他人一起谈论图书和故事的有关内容。 15. 在阅读图书和生活情境中对文字符号感兴趣，知道文字表示一定的意义。 16. 能说出所阅读的幼儿文学作品的主要内容。 17. 能根据故事的部分情节或图书画面的线索猜想故事情节的发展，或续编、创编故事。 18. 对看过的图书、听过的故事能说出自己的看法。 19. 能初步感受文学语言的美。 20. 愿意用图画和符号表现事物或故事。 21. 会正确地写自己的名字。 22. 写写画画时姿势正确

续表

发展领域	具体目标
社会领域	1. 有自己的好朋友，也喜欢结交新朋友。 2. 有问题愿意向别人请教。 3. 有高兴的或有趣的事愿与大家分享。 4. 能想办法吸引同伴和自己一起游戏。 5. 活动时能与同伴分工合作，遇到困难能一起克服。 6. 与同伴发生冲突时能协商解决。 7. 别人的想法和自己的不一样时，能倾听和接受别人的意见，不能接受时会说明理由。 8. 不欺负别人，也不允许别人欺负自己。 9. 能主动发起活动或在活动中出主意、想办法。 10. 能根据自己的兴趣选择体能循环游戏、班级游戏和公共区域游戏、功能室，游戏后自主整理材料。 11. 做了好事或取得成功后还想做得更好。 12. 自己的事情自己做，不会做的愿意学。 13. 主动承担任务，遇到困难能够坚持而不轻易求助。 14. 与别人的看法不同时，敢于坚持自己的意见并说出理由。 15. 能有礼貌地与人交往。 16. 能关注别人的情绪和需要，并给予力所能及的帮助。 17. 尊重为大家提供服务的人，珍惜他们的劳动成果。 18. 接纳、尊重与自己的生活方式或习惯不同的人。 19. 群体活动中积极、快乐。 20. 对小学生活有好奇和向往。 21. 理解规则的意义，能与同伴协商制订游戏和活动规则。 22. 爱护公物，用别人的东西时也知道爱护。 23. 做了错事敢于承认，不说谎。 24. 能认真负责地完成自己所接受的任务。 25. 爱护身边的环境，注意节约资源。 26. 愿意为集体做事，为集体的成绩感到高兴。 27. 能感受到家乡的发展变化并为此感到高兴。 28. 知道自己的民族，知道中华民族是一个多民族的大家庭，各民族之间要互相尊重，团结友爱。 29. 知道国家的一些重大成就，爱祖国，为自己是中国人感到自豪

续表

发展领域	具体目标
科学领域	自然科学： 1. 对自己感兴趣的问题总是刨根问底。 2. 能经常动手动脑寻找问题的答案。 3. 探索中有所发现时感到兴奋和满足。 4. 能通过观察、比较与分析，发现并描述不同种类物体的特征或某个事物前后的变化。 5. 能用一定的方法验证自己的猜测。 6. 在成人的帮助下能制订简单的调查计划并执行。 7. 能用数字、图画、图表或其他符号记录。 8. 在探究中能与他人合作与交流。 9. 能察觉到动植物的外形特征、习性与生存环境的适应关系。 10. 能发现常见物体的结构与功能之间的关系。 11. 能探索并发现常见的物理现象产生的条件或影响因素，如影子、沉浮等。 12. 感知并了解季节变化的周期性，知道变化的顺序。 13. 初步了解人们的生活与自然环境的密切关系，知道尊重和珍惜生命，保护环境。 数学认知： 1. 能发现和体会到按一定规律排列的物体比较整齐、美观。 2. 能发现生活中许多问题都可以用数学的方法来解决，体验解决问题的乐趣。 3. 初步理解量的相对性。 4. 借助实际情景和操作（如合并或拿取）理解加和减的实际意义。 5. 能通过实物操作或其他方法进行 10 以内的加减运算。 6. 能用简单的图表表示简单的数量关系。 7. 能用常见的几何形体有创意地拼搭和画出物体的造型。 8. 能按语言指示或根据简单的示意图正确取放物品。 9. 能辨别自己的左右
艺术领域	美术： 1. 乐于收集美的物品或向别人介绍自己所发现的美的事物。 2. 喜欢模仿自然界和生活中有特点的声音，并产生相应的联想。 3. 欣赏艺术作品时常常用表情、动作、语言等方式表达自己的理解。

续表

发展领域	具体目标
艺术领域	4. 愿意和别人分享、交流自己喜爱的艺术作品和美感体验。 5. 积极参与艺术活动,有自己比较喜欢的活动形式。 6. 能用多种工具、材料或不同的表现手法表达自己的感受和想象。 7. 艺术活动中能与别人相互配合,也能独立表现。 8. 能自编自演故事,并为表演制作简单的服饰、道具或布景。 9. 能用自己制作的美术作品布置环境、美化生活。 音乐: 1. 能用基本准确的节奏和音调唱歌。 2. 能用律动或简单的舞蹈动作表现自己的情绪或自然界的情景

(三)具体活动目标

在"阅历"项目活动的探究过程中,我们始终秉持目标在前、活动在后的原则,注重科学合理地设置项目活动,以《纲要》提出的教育目标为指引,依据《指南》中的五大领域目标进行具体细化分项,从而制定出幼儿发展的预设目标。

例如:大班班本项目活动"中国房子",其起因是某天饭后和孩子们散步时,发现走廊顶上的窗檐渗水导致墙皮脱落,于是孩子们便针对自己见过的房子展开了热烈的讨论。我们观察到幼儿对房屋的建筑材料、构建方式等非常感兴趣,因此给幼儿提供鹰架支持,在阅读区投放了与房子相关的各类图书,让幼儿根据自己的需要和问题进行自主阅读。我们在观察中发现幼儿对"中国房子"这套绘本非常感兴趣,于是对该系列绘本进行了阅读分析,与孩子们共同开启了关于"中国房子"的探究之旅,对照《指南》确立了该班本项目活动的具体目标:

① 通过自主阅读了解绘本内容,能够在集体面前较为连贯地讲述概括。在活动中认真倾听他人发言、主动提问,并愿意与同伴分享自己出游时见到的房子的特征。

② 对中国传统文化感兴趣,了解瓦当、鸱吻、窗棂、柱础等建筑

构件。了解中国各地区的特色建筑，知道中国地大物博，不同地区因环境气候不同，房子也有所不同，从而萌生出作为中国人的自豪感。

③知道各种花纹不仅名称有别，而且寓意不同。会使用传统纹饰对自己的作品进行装饰。愿意通过书写、绘画的方式进行表征，并向他人讲述、与他人分享。

④绘制生活说明书，提醒他人注意事项。绘制"温馨提示"，学会为他人着想。

⑤知道基本的建筑知识，如地基、柱础、承重墙、屋顶之间的关联。通过探究、比较的方式将卡片进行对折、平铺、垒高、围合等操作。

第二节 甄选原则

（一）源于儿童：链接儿童兴趣、经验、生活

课程内容的选择要以儿童为本，涵盖幼儿生活中的关键经验。课程即幼儿的一日生活。教师要善于发现幼儿感兴趣的事物、游戏和偶发事件中所隐含的教育价值，关注幼儿在活动中的表现和反应，敏锐地察觉他们的需要，及时以恰当的方式回应，使课程充分焕发出活力。在项目活动的延伸性上，应以幼儿的兴趣、动机为出发点，紧跟幼儿的需要。

（二）基于发展：课程呈序列式、螺旋式上升

阅历课程内容从幼儿的经验及发展水平出发，内容安排呈序列式、螺旋式上升，与幼儿经验相链接。序列式主要是指课程内容的外在表现为由浅入深、由小到大、由前到后的线性序列。螺旋式主要是指依据幼儿经验的发展，课程内容的内核之间存在纵向与横向交叉的螺旋式关系。这种逻辑性正是基于对幼儿的了解，旨在顺应幼儿的发展和经验水平，基于发展而推动发展。

（三）取自生活：课程来源于大自然、社会

儿童的发展不是抽象的，更不是虚无缥缈的，而是植根于具体的现实生活。幼儿的兴趣多源于与生活相关的直接经验，且幼儿对大自然中的事物有着特别的兴趣，因为这些均是有形、有色、有变化的实物。我们充分利用周围广泛又有利的诸多教育因素、教育资源，让周围环境及幼儿生活化作幼儿们生动灵活的课堂内容。我们尝试将幼儿园的课程与家庭、社区加以整合，积极利用大自然、社会中的有利条件来丰富我们的课程内容。

（四）关注完整：对各领域发展进行有效统筹

课程内容编排不但具有领域性与均衡性，而且具有整体性与关联性。在课程内容的选择上，我们摒弃分科课程内容割裂的弊端，在整合时注重课程内容之间的有机联系，避免看似完整实则零散的"大拼盘"现象。我们采用项目式课程实施方式，在实施过程中以满足幼儿经验连续性发展为基础，构建整合课程，努力实现促进幼儿全面和谐发展的教育目标。

第三节 课程内容

阅历课程立足于儿童，幼儿能够自主选择，与自然、社会环境充分互动，自主发现问题、解决问题，不断提升学习能力。幼儿是课程的主体，教师追随孩子的需求，支持幼儿自主探究，让幼儿在真实的生活情境和丰富多样的环境中获得成长所必需的有益经验和核心素养，进一步提高幼儿阅历活动质量，促进幼儿深度学习。

一、阅历五级项目活动

自然、社会、绘本及幼儿一日生活的各环节都可成为阅历课程可探究的课程资源。我们主要从五个实施路径开展：一是以"兴趣—问题"为切入点开展生本微项目活动；二是以"成长—经历""绘本—

阅读"为引发点建构班本项目活动;三是以"自然、社会、生活—实践"为落脚点开展级本考察项目活动;四是以"节日—文化"为契机开展园本主题活动;五是以"资源—共享"为突破点开展园区交流项目活动。以"牵着蜗牛去旅行"的心态,沿着五级课程内容的轨道用充足的时间陪孩子沉浸在一本书或一件事中,获得体验,丰富阅历,促进全面发展。

1. 以"兴趣—问题"为切入点开展生本微项目活动

生本微项目活动是以幼儿经验与认知水平为基础,以幼儿发展为本位,追随每位幼儿不同的兴趣点,以促进发展为目标,由教师、家长和幼儿共同构建的适应幼儿发展的微小项目课程。生本微项目活动示例见表 2-4。

表 2-4 生本微项目活动示例

活动分类	小班活动	中班活动	大班活动
动物篇	花鸟虫鱼 疯狂动物城 小动物的便便 ……	冬眠的动物 恐龙世界 动物的必杀技 ……	动物侦探 制作鸟巢 动物的习性 ……
自然篇	森林的风景 季节的颜色 种子与果实 ……	彩虹哪来的 触摸大自然 制作植物标本 ……	自然寻踪 秋日果实 冬日自然 ……
科技篇	飞机起飞了 科技馆探秘 ……	手机的功能 高铁探秘 ……	奇妙博物馆 航天故事 ……

2. 以"成长—经历""绘本—阅读"为引发点建构班本项目活动

以幼儿"成长—经历"和"绘本—阅读"为引发点,以体验探究为核心,通过绘本阅读、科学探究、实践经历、体验尝试等方式,开展班本活动,构建启蒙式、多样化、综合性的班本项目课程。

（1）以"成长—经历"为引发点建构班本项目活动

尊重幼儿生长规律和内在需求，结合幼儿年龄段特点和已有生活经验，以审定省编教材《幼儿园综合主题活动》为蓝本，以班级为单位，进行班本化实施。通过直接感知、亲身体验、实际操作、区域游戏等方式开展活动，促进幼儿身心全面、健康、自然成长。班本项目活动示例见表2-5。

表2-5　班本项目活动示例

学龄段	活动名称
小班上学期	"我上幼儿园""宝宝真能干"……
小班下学期	"亲亲热热一家人""幼儿园里真热闹"……
中班上学期	"我们居住的地方""我们都是好朋友"……
中班下学期	"我的家乡在镇江""你快乐，我快乐"……
大班上学期	"自信的中国人""我是大班的哥哥姐姐"……
大班下学期	"我要上小学啦""再见幼儿园"……

（2）以"绘本—阅读"为引发点建构班本项目活动

精选优质绘本，编制各年龄段的绘本阅读书单，追随孩子的兴趣，选择适合孩子并有一定教育价值的绘本。以绘本为载体，充分挖掘其教育价值，通过绘本阅读、科学探究、实践经历、体验尝试等方式，开展班本化的探究式项目活动。班本项目活动示例见表2-6。

表2-6　班本项目活动示例

学龄段	活动名称
小班上学期	"小鸡""妈妈一定来接你"……
小班下学期	"一家人""我想和你交朋友"……
中班上学期	"家乡的味道""蚂蚁和西瓜"……
中班下学期	"落叶跳舞""幼儿园里的规则"……
大班上学期	"牙婆婆""好困好困的新年"……
大班下学期	"我上小学了""长大后做什么"……

3. 以"自然、社会、生活—实践"为落脚点开展级本考察项目活动

积极挖掘、筛选、利用幼儿园周边的自然资源、社会资源、文化资源、本土资源等，绘制周边资源图，形成阅历课程资源库。在课程理念的指引下，以年级组为单位参与，架构并开展丰富的、多样化的贴合儿童兴趣和学习方式的活动。活动内容包括集体考察、亲子考察、自然角故事、小记者采访、家长助教、返场游戏等。润州区实验幼儿园可以利用的资源如下：

自然资源：金山、焦山、南山……

社会资源：市政府、规划馆、医院、银行……

文化资源：西津渡、醋文化博物馆、镇江博物馆、镇江市美术馆……

4. 以"节日—文化"为契机开展园本主题活动

以全园参与的形式，根据时间线索梳理出元旦、春节、妇女节、劳动节、儿童节、端午节、中秋节、国庆节等各类节日，以及二十四节气及相应文化，形成自助式课程菜单。教师和幼儿可自主选择菜单内容开展系列活动。幼儿园可以开展活动的节日如下：

社会节日：妇女节、劳动节、儿童节……

中华传统节日：春节、元宵节、端午节、中秋节……

特殊节日：世界水日、世界无烟日、世界环境日、世界微笑日……

此外，幼儿园还可以结合二十四节气如立春、雨水、惊蛰、春分等开展园本主题活动。

5. 以"资源—共享"为突破点开展园区交流活动（每学年开展1次）

借助集团化办园的优势，充分利用天和星城、中海润泽园资源，设立"书童游学日"，定期安排多个园区之间的"游学日"交流体验

课程，资源共享。园区交流活动示例见表2-7。

表2-7 园区交流活动示例

园区	优势	活动
天和园区	区域游戏丰富 阅读资源丰富 ……	角色体验馆 大兔子阅读节 ……
中海园区	户外功能齐全 音体室配备齐全 ……	运动会 艾玛剧场表演 ……

通过以上5个板块的课程内容体系的建构，不断丰富和完善幼儿园的园本课程，让孩子阅书本、阅社会、阅自然、阅文化，在与有形之书和无形之书的互动中启智、明理，积极探索"慢阅读，深游历，润泽生命之成长"的课程文化。

二、游戏活动

游戏活动是幼儿园课程的重要组成部分，特别是级本实践活动后的返场游戏，润州区实验幼儿园以课题为载体进行了多年研究，深受幼儿喜爱，活动组织也较为成熟。游戏活动一览表见表2-8。

表2-8 游戏活动一览表

项目	游戏活动区域			
班级常规游戏	美工区	科学区	益智区	音乐区
	建构区	图书区	生活区	娃娃家
公共区域游戏	阅读区1	国画区	幼小衔接区	大型建构区
	阅读区2	陶土区	玩沙区	墙面建构区
户外游戏	种植区	角色区	探索区	大型玩具区
	表演区	绘画区	建构区	沙水区
	硬质地运动区			

三、生活活动

在课程实施的过程中，我们把关注落实到幼儿的生活中，关注生活中幼儿自主能力的培养，倡导孩子是幼儿园的主人、是生活的主人。通过自我服务和服务他人两种途径开展小、中、大班的自主生活、劳动种植和食育课程。各年龄段生活活动见表2-9。

表2-9　各年龄段生活活动一览表

项目		小班活动	中班活动	大班活动
自主生活	生活常规	认识自己的标记 会正确洗手 学会上床午睡 会拿杯子喝水 学会穿、脱鞋子 会自己搬椅子 ……	会叠衣服 会擦桌子 会穿、脱衣服 会擦屁股 ……	会洗碗、剥坚果 会自己叠小被子 遵守游戏规则 收拾整理游戏材料 安全使用剪刀 ……
	自主餐点	会拿点心 能拿好小调羹 能把桌面残渣拨到 　小碗里 会送餐具"回家" 会漱口、擦嘴 ……	学会用筷子 会端饭端菜 会摆放座椅 ……	会用工具清理溢 　出物 会盛菜盛饭 会收拾餐具 会帮忙擦桌子 ……
	扫除日（周一）	会送玩具"回家" 会整理图书架 会擦桌椅 会捡垃圾 ……	会洗手帕 会擦桌椅 会扫地 会协助晾晒玩具 ……	会整理床铺 会整理书包柜 会清洗玩具 会整理大家的玩具柜 ……
	值日生制度	会发放餐具 会收拾餐盘 ……	会节约用水 能督促小朋友洗手 　时有序排队 会整理玩具 ……	会点名统计 懂天气预报 能做小小升旗手 能做小小收集员 ……

续表

项目		小班活动	中班活动	大班活动
自主生活	爱心大带小制度	跟着哥哥姐姐找"宝藏" 看哥哥姐姐表演节目 跟着哥哥姐姐进教室	会自己拿被子 跟着哥哥姐姐一起做礼物 ……	帮弟弟妹妹送被子 送弟弟妹妹回教室 给弟弟妹妹喂饭 帮助弟弟妹妹穿衣服 ……
劳动种植		给自然角的植物浇水 喂喂小动物 捡树叶 摘草莓 把工具送回家 ……	整理自然角 使用劳动工具 种植与照顾小兔花园里的植物 做运水小能手 商量种植品种	写自然角观察日记 种植与照顾小兔花园里的植物 收获种植成果 拔草 除虫 ……
食育课程（每月月底）		认识各种食材 剥玉米皮 掰西兰花 剥蚕豆、毛豆等 摘莴苣、豇豆等 用模具制作饭团 爱惜粮食不挑食 ……	搭配食材，自主摆盘 清洗食材 做小小帮厨 制作春饼 包饺子、烧麦等 一起铺桌布 适量取餐	用树枝、野花等布置餐桌 询问同伴爱吃的食物 制作营养食育菜单 体验服务员工作 践行光盘行动 将厨余垃圾归类摆放 ……

四、户外运动

《纲要》中提出"身心并重"的幼儿健康观，并将幼儿健康放在了五大领域的首位。体育运动的有效组织实施，不但对幼儿有极其重要的健身价值，而且对幼儿各方面能力的提高及个性的发展起着明显的促进作用，是促进幼儿身心发展的有效途径。户外运动是润州区实验幼儿园阅历课程的一个重要组成部分，主要通过晨间体能循环、运动操、体育游戏、体育课教学等多个方面来实施，内容包括走、跑、跳、投、平衡、钻爬等。小、中、大班年龄段户外运动技能发展目标见表 2-10 至表 2-12。

表 2-10　小班年龄段户外运动技能发展目标

运动技能	小班上学期发展目标	小班下学期发展目标
走	上体正直，自然协调地走，向指定方向持物或拖物走，在指定范围内四散走，互相不碰撞，能走 1000 米左右	能一个跟着一个沿圆圈走，不掉队；学会几种简单的模仿走，在简单的障碍物中走
跑	能迈开步子平稳地跑，双臂自然摆动；听信号向指定方向跑或沿着规定路线跑；能向指定方向持物跑，连续跑半分钟	在指定范围内四散追逐跑，会走跑交替，能在成人的引导下调节跑速
跳	初步掌握简单的跳跃动作（向前跳、向上跳），能双脚同时用力蹬地起跳，动作连贯有节奏；能从 25～30 厘米高度跳下	能轻松自然地双脚向前行进跳、纵跳；初步掌握跨跳动作，跨跳过一定距离，体验跳跃的乐趣
投	能自然地向前方或远处挥臂投掷各种物体，有将物体投远的愿望；双手能向上、前、后抛球，体验投掷活动的乐趣	学习拍球、自抛自接球，掌握力度；初步建立全身用力的意识，能向指定方向投掷并有一定距离，懂得物体轻重与投掷远近之间的关系
平衡	能在简单、固定的平行线上或窄道中行进，并尽量减少跌倒和摇晃情况的发生	能在较窄且较矮的物体上平稳地行走一段距离，保持身体平稳不摇晃
钻爬	能正面钻过障碍物，做到低头、弯腰、紧缩身体。熟练掌握手膝和手脚着地爬等基本动作，有一定速度并能较好地控制方向	掌握多种爬法，动作灵活、协调；能钻爬过较低的障碍物，身体不碰到物体；能在成人的引导、鼓励下积极参加攀登活动；喜欢和同伴一起玩，能攀登低障碍物

续表

运动技能	小班上学期发展目标	小班下学期发展目标
其他	能平稳地上下楼梯、玩滑梯，克服恐惧感；能听懂基本的口令和信号，做出相应的动作，会一个跟一个走圈；较合拍地做模仿操，体验与同伴做操的乐趣；知道有关体育活动的粗浅知识，愿意遵守体育活动的规则和要求，不做危险动作，不影响他人，有初步的运动保健意识；乐意参加各种体育活动，感受运动带来的愉悦，懂得玩大型运动器械的规则，不推挤，不做危险动作	会用小型多样的体育器械进行身体锻炼，能合作整理某些小型体育器械

表 2-11　中班年龄段户外运动技能发展目标

运动技能	中班上学期发展目标	中班下学期发展目标
走	能上下肢协调走，步调放开、均匀，摆臂自然协调，姿态端正；能听信号有节奏地走、变速走或变方向走	能走跑交替，有不甘落后的争先意识并掌握若干种走步方法
跑	能有节奏地上下肢协调跑，落地较轻，懂得省力平衡跑的粗浅知识；能控制自己的身体绕障碍物跑	能快跑和在一定范围内四散追逐跑；能走跑交替（或慢跑），能远足和一路纵队跑
跳	懂得跳跃时屈膝，前脚掌蹬地跳起，落地轻并主动屈膝缓冲；能较熟练掌握助跑跨跳动作，落地时能不停顿向前缓冲；能熟练掌握单脚连续跳，动作连贯，节奏准确	会立定跳远，能双脚熟练地向前跳或在直线两侧行进跳；原地蹲起跳触物，能从 30~35 厘米高处自然地跳下，落地轻；能助跑跨跳平行线，跳距不少于 40 厘米；能双脚交替跳和短距离单足连续向前跳

续表

运动技能	中班上学期发展目标	中班下学期发展目标
投	掌握单手肩上投远动作，能上下肢协调用力，快速挥臂，击中较大的目标；能连续不断地拍球	能肩上挥臂投掷小沙包、纸镖等轻物，能自抛自接低（高）球或两人近距离互抛互接大球；能双手交替拍球
平衡	能大胆在平衡木上活动，掌握原地旋转、闭目站立等动作	能大胆在平衡木上走，能闭目向前走，原地自转至少三圈不跌倒
钻爬	掌握正面钻的动作，学习侧面钻的动作；能钻爬过较长的障碍物，完善手脚、手膝爬行动作，灵活地调节速度和方向；能攀登各类攀登设备，大胆地玩大型活动器械	能熟练协调地在障碍物下钻来钻去，在攀爬架上爬上爬下，学会在垫上团身滚
其他	能听懂多种口令和信号，并较熟练地做出相应的动作，能听信号进行队列练习；能随音乐节奏做徒手操和轻器械操，动作到位，整齐有力；了解有关体育活动的常识，乐意遵守体育活动的规则和要求，初步尝试与同伴合作游戏，有一定的运动意识和能力	能听懂多种口令和信号，并熟练地做出相应动作、变换队形；能随音乐节奏做徒手操和轻器械操，动作到位，整齐有力；喜爱并积极参加体育活动，体验运动带来的快乐

表 2-12 大班年龄段户外运动技能发展目标

运动技能	大班上学期发展目标	大班下学期发展目标
走	学习听信号变速、变方向行走，步伐一致；能轻松自如地绕障碍物曲线走	排队走步时能较好地一对一保持队形，节奏一致；能掌握更多走步方法并独立想出新的走步方法；能进行长距离远足活动

续表

运动技能	大班上学期发展目标	大班下学期发展目标
跑	能听信号变速跑或躲闪跑，跑步时摆臂正确且放松、蹬地有力、落地较轻；懂得一些提高跑速和调节跑速的方法	掌握多种跑步方法，能独立想出新的跑步方法（持物跑、后退跑、往返跑等），有强烈的提高跑速的意愿，喜欢竞赛跑；能绕复杂障碍物走跑交替300米左右
跳	熟练掌握跳跃动作，能从较高处向下跳，起跳有力、落地轻稳、姿态优美；学习侧跳和向不同方向变换跳等多种跳跃形式；学习跳短绳	具备良好的弹跳力，有强烈的提高跳跃距离或跳跃高度的愿望；会跳短绳并尝试练习合作跳长绳
投	投掷时有投远投准的愿望，能全身协调用力，快速挥臂，控制投掷方向	能做出准确投掷动作，投准目标，提高手眼协调能力
平衡	能熟练走平衡木，平稳地走过较窄、较高、较长的平衡木；掌握闭目起踵自转，能单足站立一定时长	能变换手臂动作走平衡木，掌握各种平衡动作；能在有间隔的物体上走
钻爬	提高钻爬能力，改进已掌握的钻爬动作，速度快且灵活；能手脚交替灵活地攀登各种设施，在活动中能遵守规则，不影响他人活动	熟练掌握侧钻、曲身钻、肘膝着地爬等难度动作；有序地通过障碍物；能手脚交替协调地攀登攀行，锻炼四肢力量；养成勇敢、坚持到底的毅力及合作精神
其他	能按信号迅速地集合、分散、整齐列队、变换队形；能随音乐节奏合拍、有力、整齐、有精神地做徒手操和轻器械操；进一步了解相关的体育活动常识，能遵守体育活动的规则和要求，有集体观念，活动中懂得合作、负责、宽容、谦让、坚强勇敢、不怕困难，运动保健意识和能力进一步增强	

第三章　课程结构与实施

第一节　课程结构

阅历课程围绕课程理念及课程总目标进行了课程内容的整体架构，包括学习、游戏、生活和运动四大板块。其中，学习板块的主题活动包含生本、班本（审定课程和特色课程）、级本、园本、园区五级课程；游戏板块包含班级常规游戏、公共区域游戏和户外游戏；运动板块包含体能循环、运动操、体育教学和体育游戏；生活板块主要包含食育课程、劳动种植和自主生活。

阅历课程主要通过项目实施、生活活动、环境资源、游戏渗透和家园共育的实施路径，呈现出不断适时调整的动态进程。学习板块的活动注重预设与生成相结合。教师根据幼儿的兴趣和需求，以及课程实施的实际情况灵活调整。阅历课程结构见图 3-1。

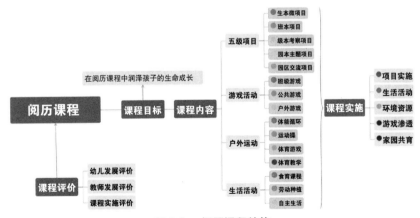

图 3-1　阅历课程结构

第二节　实施时间

为了保证阅历五级课程顺利开展与实施，我园基于课程内容的整体架构，确定了适合幼儿的课程时间分配方案，将四大板块的课程内容有机融合在幼儿的一日活动中，让幼儿在轻松、快乐、愉悦的氛围中获得知识和技能，从而丰富生活阅历，促进幼儿全面发展，培育具有未来意识的中国儿童，以达成"为孩子的快乐人生奠基"的办园宗旨。

"润州区实验幼儿园一日活动安排表"（见表3-1、表3-2）是基于《纲要》《指南》《幼儿园保育教育质量评估指南》等国家文件，以及省、市"十四五"质量提升行动计划的要求，在充分理解幼儿园一日生活对于幼儿成长的意义和价值的基础上，梳理、总结多年积累的教育实践经验特别研制的，旨在为幼儿园一线教师实施课程提供具有可操作性的指导建议，科学、合理地安排组织幼儿在园的一日生活，全面提升幼儿园保教质量。

方案分为晴天、阴雨天两种情况，且针对小、中、大班3个年龄段，设置有三大板块内容，分别为户外活动、游戏活动和学习活动，生活活动未单独设置，而是贯穿于一日生活中。在一日活动的实施过程中，要预测性地将课程活动按时间块预设和实施在每日活动中；同时，也要有灵活时间块，教师根据幼儿的兴趣、状态或情绪做出判断，从而决定是否缩小或延长某一时间块；要为幼儿的活动参与提供合理的节奏，留出充足时间让他们以自己满意的方式完成任务；有特殊需要的幼儿也需要更多的时间。

表3-1 润州区实验幼儿园晴天一日活动安排表

大班			中班			小班		
时间	活动板块	活动建议	时间	活动板块	活动建议	时间	活动板块	活动建议
7:30—8:50	户外活动	晨间接待、自主签到、户外运动	7:30—9:00	游戏活动	晨间接待、自主签到、班级区+公共区游戏、餐点	7:30—9:10	游戏活动	晨间接待、自主签到、班级区+公共区游戏（下学期开始）、餐点
8:50—9:00	集体早操		9:00—9:10	集体早操		9:10—9:20	集体早操	
9:00—10:00	游戏活动	餐点、班级公共区游戏	9:10—10:00	学习活动	集体教学、点名、活动分享	9:20—10:00	户外活动	户外运动
10:00—11:00	学习活动	集体教学、点名、活动分享	10:00—11:00	户外活动	户外运动	10:00—11:00	学习活动	集体教学、点名、活动分享
11:00—12:00	餐前准备、午餐、餐后散步							
12:00—14:30	睡前倾听、午睡							
14:30—15:00	起床整理、下午餐点							

续表

大班			中班			小班		
时间	活动板块	活动建议	时间	活动板块	活动建议	时间	活动板块	活动建议
15:00-15:30	游戏或学习活动	可增加学习活动（大班下）	15:00-15:30	户外活动	户外游戏	15:00-15:30	户外活动	户外游戏
15:30-16:10	户外活动	户外游戏	15:30-16:00	游戏活动		15:30-16:00	整理离园	
16:10-16:30	整理离园		16:00-16:20	整理离园				

表 3-2 润州区实验幼儿园阴雨天一日活动安排表

大班			中班			小班		
时间	活动板块	活动建议	时间	活动板块	活动建议	时间	活动板块	活动建议
7:30-8:30	入园接待	晨间接待、自主签到	8:00-9:30	游戏活动	晨间接待、自主签到、班级区+公共区游戏、餐点	8:00-9:30	游戏活动	晨间接待、自主签到、班级游戏+公共游戏区+公共区、餐点
8:30-9:00	室内运动	室内早操+运动操	9:30-10:00	室内运动	室内早操+运动操	9:30-10:00	室内运动	室内早操+运动操

续表

大班			中班			小班		
时间	活动板块	活动建议	时间	活动板块	活动建议	时间	活动板块	活动建议
9:00-9:30	学习活动		10:00-11:00	学习活动	集体教学、点名、活动分享	10:00-11:00	学习活动	集体教学、点名、活动分享
9:30-11:00	游戏活动	餐点、班级+公区游戏、共区游戏			餐前准备、午餐、餐后散步			
11:00-12:00					睡前倾听、午睡			
12:00-14:30					起床整理、下午餐点			
14:30-15:00								
15:00-15:30	游戏活动		15:00-15:30	游戏活动		15:00-15:30	游戏活动	
15:30-16:30	游戏或学习活动	可增加学习活动（大班下）	15:30-16:10	分享活动		15:30-16:00	分享活动	
16:30	整理离园		16:10	整理离园		16:00	整理离园	

注：因园所场地小、学生人数多，故将阴雨天的室内运动改为运动操。经过长期实践和调研，孩子们十分喜爱运动操和早操相结合的体能活动。这种活动形式不仅能够有效提升孩子们的运动量和运动技能，而且便于班级教师组织。

第三节　实施空间

随着学前教育理念的不断发展，以及课程体系的不断革新，盘活并发挥园所每一处空间的教育价值，是对儿童最大的支持。在探索课程实施方式时，我们以理念为先，始终站在儿童的立场，相信儿童，为儿童构建一个自主开放的学习空间。"一日生活皆课程"，无论在室内还是室外，从课程的视角进行组织和管理，是实现"一日生活皆课程"这一理念的关键。在此，我们重点分享除班级教室以外的公共空间，这些公共空间分为室外和室内两大类。

室外公共空间指的是在幼儿园中，处于幼儿园建筑以外，与建筑物内部空间相对应的空间形态，它由建筑及构筑物围合而成。园所对幼儿园整体户外环境进行顶层设计与规划，梳理出符合大、中、小班级的户外活动场域图，该场域图主要包括活动场地、户外绿化、种植园地和户外休息站等，旨在为儿童提供更多思考和进行创造性活动的空间。整体户外空间按照园所班级数设置成三大区域板块，每个板块由对应的班级负责，如：由小一班、中一班、大一班负责设计 1 班区这块运动区域的各年龄户外活动图，每个区域内分动线、静线两条路径。动线是体能循环图，根据各年龄段动作发展水平设计；静线是安静的户外活动，如写生活动、自然探索活动等，便于幼儿根据自身身体运动情况随时调整更换户外游戏内容。润州区实验幼儿园户外活动空间分布图见图 3-2，大、中、小班年级组户外活动循环图见图 3-3 至图 3-5。

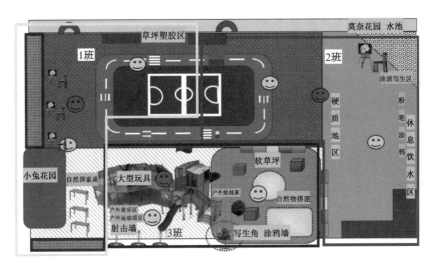

注：1. 户外操场共分为3个活动板块，每个板块由定点班级负责（如：1班区由小一班、中一班、大一班负责）。

2. 图示☺表示教师，●表示保育员，按照"1班""2班""3班"的区域站位。

图3-2 润州区实验幼儿园户外活动空间分布图

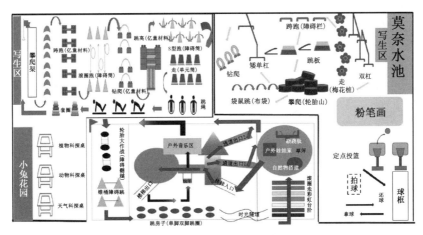

注：动态区：箭头指示区；静态区：写生区、科探区。

图3-3 大班年级组外活动循环图

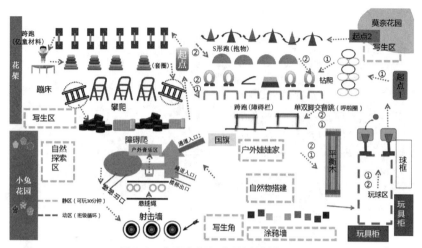

图 3-4　中班年级组户外活动循环图

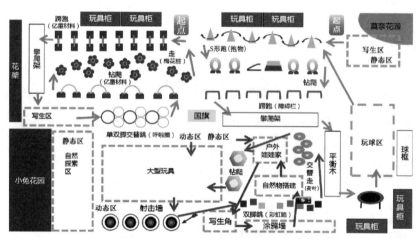

图 3-5　小班年级组户外活动循环图

　　室内公共空间指的是幼儿园建筑内的开放式室内大厅、中厅和走廊等。鉴于本园场地小，未设有专用活动室，所以我们充分利用走廊、拐角等零散空间打造了 10 个开放式公共游戏区，并制定了公共游戏区活动安排方案（见表 3-3）。这些区域能同时满足中、大班共 7 个班级一半幼儿游戏的需求，有效缓解了班级人多、区域设置不够的问题。

表 3-3　润州区实验幼儿园公共游戏区活动安排表

时间		阅读长廊(10~12人)	国画长廊(6~8人)	陶土长廊(6~8人)	建构室(10~12人)	户外角色区(6~8人)	户外表演区(6~8人)	墙面建构(4~6人)	玩沙区(4~6人)
周一	15:00~15:30	大一班	大二班	大三班	大四班				
	15:30~16:00	中二班	中三班	中一班					
周二	8:00~9:00	中一班	中二班	中三班	小一班	小二班	小三班	小二班	小三班
	9:00~10:00	大一班	大三班	大三班	大四班		大四班自选		
	15:00~15:30	大二班	大三班	大四班	大一班				
	15:30~16:00	中三班	中一班	中二班					
周三	8:00~9:00	中一班	中三班	小一班	小二班	小三班	中一班	小三班	中一班
	9:00~10:00	大二班	大四班	大四班	大一班		大一班自选		
	15:00~15:30	大三班	大四班	大一班	大二班				
	15:30~16:00	中一班	中二班	中三班					

续表

时间		阅读长廊(10~12人)	国画长廊(6~8人)	陶土长廊(6~8人)	建构室(10~12人)	户外角色区(6~8人)	户外表演区(6~8人)	墙面建构(4~6人)	玩沙区(4~6人)
周四	8:00—9:00	中三班	小一班	小三班	小三班	中一班	中一班	中一班	中二班
	9:00—10:00	大三班	大四班	大一班	大二班		大二班自选	中二班	
	15:00—15:30	大四班	大一班	大二班	大三班				
	15:30—16:00	中三班	中三班	中一班					
周五	8:00—9:00	小一班	小二班	小三班	中一班	中二班	中三班	中三班	中三班
	9:00—10:00	大四班	大一班	大二班	大三班		大三班自选		
责任班级		大一班	大二班	大三班	大四班	中一班	中二班	中三班	小班组

注：1. 各公共游戏区域负责班级负责制作该区域的操作和使用指南并进行园本培训分享。

2. 各游戏区域的作品、活动过程的呈现，材料的添置与更替等责任落实到班级。

在公共区域游戏内容的选择上，我们基于班级区域游戏内容做了适当取舍，不重复创设与班级区雷同的区域，让专用活动室成为班级区域的补充，依照幼儿的兴趣自然而然地开展小组化教学。如：利用二楼、三楼南北走向的走廊，设置开放式的国画长廊、阅读长廊、陶泥长廊，作为班级游戏的补充；同时，利用三个楼层的走廊拐角，设置玩沙区、墙面建构区、幼小衔接区，以补充班级区域。

此外，课程实施还需要营造快乐轻松的氛围、精心挑选和合理摆放材料、细致观察并进行专业解读，以及有爱的师幼互动配合，这样才能产生更好的教育效果。在实施后，教师应协助幼儿反思自己的游戏经历；帮助幼儿认识新环境和新材料，支持他们更好地开展自主游戏。

第四节 环境资源

一、资源利用

阅历课程的构建，需要丰富多样的课程资源来支撑。在我们的周边其实有很多资源，然而哪些资源可以利用，以及怎样恰到好处地结合课程去使用这些资源，是我们需要思考的问题。我们要有大格局的教育理念，广泛搜索资源并进行筛选，开发利用好各种资源，拓宽幼儿的视野，为幼儿的学习与发展提供支持和帮助。

阅历课程强调，课程设计应关注幼儿的当下，尤其是他们当下的兴趣。所以，作为教师，要学会发现幼儿当下的兴趣，倾听幼儿的心声、追随幼儿的脚步，并挖掘课程活动中的多样环境资源，发现"不一样的课程教育资源"，充实课程活动的内容，使幼儿在课程活动中学得更积极、主动、有效。这里的环境教育资源大致包含了园内与园外的资源，我们可借助课程资源地图，更直观地呈现课程资源的地理位置、类型、内容、数量、季节规律、教育建议等。因此，课程资源地图的开发能给课程的拓展和幼儿系统化经验的提升带来很多的可能。

（一）园内资源

我们针对园内环境资源进行了"地毯式"调查。调查发现，园内资源丰富,有小池塘、硬质地、软草地、足球场地,还有种植基地等。特别是幼儿园的自然环境,孩子们会对园所内的龙爪槐、金银花、波斯菊等产生兴趣,进而可以转化为课程活动的资源。老师和孩子们还一同绘制了润州区实验幼儿园资源地图(见图3-6)。

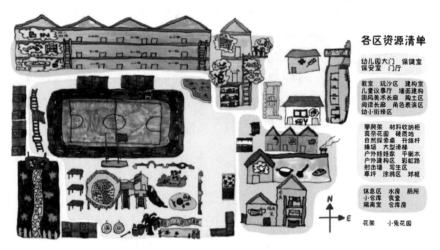

图 3-6 润州区实验幼儿园资源地图

课程资源地图实质上是引领教师关注幼儿生活的环境,促使教师和幼儿形成学习的共同体,关注幼儿环境中的资源,持续形成新的课程生发点。

1. 自然环境

(1)莫奈花园、绿野仙境、昆虫旅馆资源分析

幼儿园内花草种类繁多,春天有铜钱草、格桑花;夏天有喇叭花、月季、栀子花、荷花;秋天有向日葵、波斯菊、洋甘菊、睡莲;冬天有冬青、卫矛(见图3-7)。幼儿可以通过观察树木、植被来认识植物不同的形态与特征,适宜开展探索、写生等活动,也可以通过观察树木,了解不同树木在四季中的不同构造和生长规律,进而开展写生和感受季节的活动。

另外,户外水池水面开阔,园内动静结合,能够提供多种感官的刺激,如触觉、视觉、听觉等,适宜开展多感官体验活动。

活动建议：

小班：小班幼儿可以进行比较、感知数量、形状分类等活动，也可结合教材中的主题开展活动，如主题活动"七彩乐园"、美术活动"彩虹花"、社会活动"我和大树交朋友"等。

中班：中班幼儿可以围绕观察蘑菇这一主题开展相关活动，也可开展爱护小草的活动，引导孩子们观察草坪，利用简单的工具对"草坪里面有什么"进行探索研究。

大班：利用自然物开展创造性游戏活动，孩子们可以自制树枝风铃、设计曼陀罗花纹、制作自然画等。

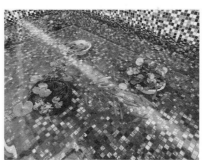

图3-7 莫奈花园、绿野仙境、昆虫旅馆一景

（2）种植区资源分析

种植区资源丰富、环境优美，种植了多种植物，还有一些小兔装饰物和栅栏，各班都有一块专属的种植园地和精心设计的班牌（见图

3-8）。可了解植物生长所需的条件，关注植物的生长变化，进而开展观察、测量等活动。种植区内配备植物种植相关的教具，如盆栽工具、花盆、土壤、肥料等。可开展认识种植工具、设计好看的花盆等活动。在植物成熟之时，可和孩子们一同收获，适合开展"我们来采摘""小小品尝师"等活动。

活动建议：

小班：可以开展"认识常见的种子""我是小小浇水员""我会拔草""好玩的泥巴"等活动。

中班：中班幼儿能关注到种植园地植物的生长变化，喜欢参与管理植物的劳动，因此可以开展"观察记录植物的生长变化""保卫菜地""一起去收获""我们来测量""好玩的泥巴"等活动。

大班：大班幼儿对自己感兴趣的植物喜欢刨根问底，能主动探索，可以开展"我和植物比高矮""记录植物生长过程""设计菜地""种植区写生"等活动。

图 3-8　种植区

2. 室内资源

（1）建构室资源分析

建构室环境具有多样性，能满足不同年龄段幼儿的需求和兴趣（见图 3-9）。建构室建构材料类型多，包括木质积木、塑料积木和磁性积木，这些积木可以用来构建房屋、桥梁、车辆等。建构游戏可帮助幼儿发展空间思维和手眼协调能力。建造工具有安全头盔、建筑小工具等。

建构类型：

桌面建构——小盒子里装的建构积木，如雪花片、磁力片、拼搭块等；

万能工匠——符合中、大班年龄段幼儿的万能工匠玩具，通过盒子颜色加以区分（黄色供中班使用、蓝色供大班使用）；

地面建构——清水积木和辅助材料（易拉罐、纸杯）。

活动建议：

小班：小班幼儿的建构特点以独自游戏和平行游戏为主，因此建议小班幼儿的建构游戏跟随幼儿的兴趣或主题进行自由搭建。

中班：增加中班幼儿造型方面知识的学习，在小班搭建经验的基础上，学习围合、架空、覆盖、桥式和塔式等建构技能。

大班：大班幼儿已经具备一定的独立建造能力，掌握了一定的搭建技巧，会使用辅助材料，并能通过分工合作完成一项较为复杂的工程。大班幼儿能够搭建出有场景、有情节的较高水平的建筑群且其建构作品多为立体结构，讲究对称和平衡，较为形象。

图 3-9　建构室

（2）国画长廊资源分析

国画长廊采光良好，场地空间较大，靠近水源，取水方便；设有国画展示墙展示国画作品，配备有绘画工具（见图3-10）。

国画长廊备有国画颜料（有块状和膏状两种类型）、各种粗细的毛笔、宣纸。其中毛笔是国画创作的主要工具之一，具有灵活、变化丰富的特点。毛笔的应用不局限于国画区，还可以用于操场蘸水作画、写字，以及中国传统节日的题字活动。

活动建议：

小班：认识和使用绘画的工具，培养正确的绘画姿势，可以开展临摹他人作品、自由涂鸦等活动。

中班：进一步表现自己在"生活中观察到的物体"，并且能比较完整、清楚地表现物体的形状、颜色，可以开展实物写生、临摹他人作品等活动。

大班：能表现更为广泛的事物，并且能画出它们的基本特征和某些细节，可以开展实物写生、创意水墨画、临摹他人作品等活动。

图 3-10　国画长廊

（3）陶土坊资源分析

陶土坊场地空间较大，采光好，可容纳8名幼儿进行创作。陶土坊材料丰富，有各色陶土、塑造工具，如泥塑刀、刮刀、挑刀、压板、滚筒（见图3-11）。幼儿园可结合民俗活动或博物馆文物展示，开展以古代泥塑人、捏面人等为主题的活动。

活动建议：

小班：幼儿可根据自己喜欢的动物造型进行初步的模仿、塑造，也可根据自己当下感兴趣的内容进行自由组合。

中班：幼儿可以尝试用陶土塑造出一些简单的器具，如杯子、盘子、碗等。在塑造过程中，幼儿可以学习如何运用工具和材料，同时提高自己的手眼协调能力。

大班：幼儿可以尝试将不同的人物、动物和器具组合在一起，创造出一个完整的场景。

图 3-11 陶土坊

（4）阅读长廊资源分析

阅读长廊场地大，采光好，环境的设置满足小、中、大班 3 个年龄段幼儿的需求，包含"听说读写"4 个方面。

阅读长廊材料丰富，图书种类繁多，有纸笔供幼儿涂写，有助于中、大班孩子前书写能力的发展。阅读长廊还提供了耳机和有声读物，帮助孩子更好地阅读（见图 3-12）。

活动建议：

小班：可开展师幼共读、同伴阅读、看图说话等活动。

中班：可开展师幼共读、同伴阅读、自主阅读、看图说话、你画我猜、续编故事等活动。

大班：可开展师幼共读、同伴阅读、自主阅读、看图说话、你画我猜、续编故事、自编图书、制作书签等活动。

图 3-12 阅读长廊

3. 室外资源

（1）足球场资源分析

足球场场地大，视野开阔，可以开展多人体育竞技类、走跑类活动（见图 3-13）。足球场的安全性高，人造草坪具有柔软的表面，与硬地面相比，可以减轻摔倒和碰撞对幼儿身体的冲击。设标准足球场地线，可供幼儿更清晰地了解足球这项运动，了解踢足球的规则。在各种节日到来时，也可作为系列活动的场地。

活动建议：

小班：举行户外小游戏和常规规则练习，如认识足球、"老狼老狼几点了"、沿球场练习直线走、网小鱼等活动。

中班：适合有规则意识的活动，如跑步比赛、早操站队，也可进行体能循环活动。

大班：举行各种大中型竞技类比赛，如足球比赛、接力跑、传球小能手、定点射门、蒙眼走路等活动。

图 3-13　足球场

（2）大型器械区资源分析

大型器械区占地面积大，分为上下两层，可容纳 40 人。这里器械类型多，包括攀岩墙、网状爬架、滑梯、绳索桥等，具有多样性、私密性，能满足不同年龄段幼儿的需求和兴趣（见图 3-14）。大型器械区游戏难度具有层次性，左侧的大型玩具适合小、中班幼儿，右边的大型玩具更适合中、大班幼儿。

活动建议：

小班：可开展自由玩滑梯、追逐跑等活动。

中班：可将大型器械与体能大循环融合，让运动更具趣味性。

大班：可开展自由玩滑梯、追逐跑、体能大循环、探索等活动。

图 3-14　大型器械区

（3）攀爬区资源分析

攀爬区活动形式多样，设有高低不同的平衡木、梯子、坡道等，可以锻炼幼儿的身体平衡能力，适合开展平衡攀爬活动（见图3-15）。攀爬区组合性强，可将锻炼攀、走、爬、跳、平衡等技能的器械进行组合与搭配，也可设计不同游戏路线，锻炼幼儿大肌肉动作及手部力量等。

活动建议：

小班：主要锻炼幼儿的身体平衡能力，可以开展"快乐的飞行员""平衡大挑战"等活动。

中班：幼儿可对大型玩具进行重组，拼搭出属于自己的大型玩具，可以开展"小小送信员""平衡独木桥""小羊过桥"等活动。

大班：进一步发展幼儿的身体协调能力和平衡能力，还可在活动中提高幼儿的交往能力，可以开展"杂技运动员""勇闯独木桥"等活动。

图 3-15　攀爬区

（4）骑行区资源分析

骑行区场地宽阔，幼儿可以在场地里自由骑行，锻炼身体平衡能力、腿部力量等。骑行区投放有标识牌、道路、服装等辅助材料，让幼儿能够在骑行活动中进行角色扮演，熟练运用各种骑行技巧，并且能将交通标志放在正确的地方（见图3-16）。在骑行区可以开展体能大循环、运动会等体育活动。

活动建议：

小班：由于场地足够大，幼儿可以自由选择骑行工具进行游戏，可以开展班本活动"鸭子骑车记",比一比谁更快。

中班:可以开展"小小快递员"、竞速平衡车等活动,也可以结合安全活动开展"铁骑入园"、障碍骑行等活动,进一步提高幼儿腿部力量及合作能力。

大班:结合绿色出行的主题,倡导低碳环保的理念,孩子们可以骑着插着旗帜的车子在幼儿园附近活动。在平时的骑行中,幼儿可进一步了解道路安全标志,并且可以进行角色扮演,开展"好玩的脚踏车""我是道路安全员""小小加油员"等活动。

图 3-16　骑行区

(5)涂鸦区资源分析

涂鸦区的材料为透明有机玻璃,透明度高,易于清洁,可以满足多人同时创作的需求(见图3-17)。涂鸦区的作品艺术表现形式独特,不同于传统的平面创作,其作品在不同角度观赏,具有不同的视觉效果。涂鸦区的作品一般用水粉颜料绘制。涂鸦区离水源近,因此大块面的创作都可以在这里进行,方便清洗场地。

活动建议：

小班：运用不同绘画工具进行简单的大块面涂鸦练习，如进行水枪涂鸦，可以释放孩子的天性。

中班：可以进行分组创作，让每组分别选择一个主题或者场景合作涂鸦。

大班：可加入一些更加复杂的元素或情节进行大规模的涂鸦创作比赛；可组织户外写生，让幼儿感受幼儿园四季的变化。

图 3-17　涂鸦区

（6）硬质地区资源分析

硬质地区场地开阔，光线较好，游戏面积大小适宜，可以同时容纳一个班级的幼儿活动，适宜开展球类运动，有足够的练习空间（见图 3-18）。硬质地区位于幼儿园门口，离休息区和喝水区较近，方便及时休息或者补充水分。

活动建议：

小班：进行球类（如篮球、足球、羊角球）游戏，例如简单的拍球活动或者羊角球障碍跳游戏。

中班：设置一些简单的障碍物或者目标物，让孩子们在拍球的同时进行一些简单的听口令训练或任务挑战。

大班：可以进行拍球和投篮活动，还可以进行跳绳练习。

图 3-18　硬质地区

（7）水系自然区资源分析

水系自然区设有池塘。池塘位于门厅后面，有少部分绿荫遮挡，尽管池塘面积较小，但内设有小鱼、盆栽、睡莲及其他装饰物，利于开展自然探索和写生活动（见图 3-19）。幼儿在水系自然区域可以自由地观察水质的变化及小鱼在水中的形态，还可以观察降雨对池中动物和植物的影响并加以记录。

活动建议：

小班：可观察池塘中的植物及小鱼的状态和变化，可开展捞小鱼、折小船等活动。

中班：感受下雨天池塘中的水量变化，以及四季与池塘变化的关系。

大班：在水系自然区借助专业工具，进行更为复杂的水科学探索活动。这些探索包括但不限于水的组成、水循环的理解、水与盐（油）的反应、水的折射现象的观察，以及阶梯水库的模拟构建等。

图 3-19　水系自然区

（8）户外探索区资源分析

户外探索区位于幼儿园的最西面，包括小兔花园和红色硬质地的探索区（见图3-20）。这种独特的设计组合旨在让幼儿充分地亲近自然，感受大自然的美，以及体验大自然带来的乐趣。小兔花园以种植为主，可栽种一些植物如各类花卉、蔬菜等。户外探索区为开放式环境，可提供各种探索材料供幼儿探索大自然。

活动建议：

小班：小班幼儿在户外探索区可以进行初步的自然探索，或开展贴近生活的户外娃娃家游戏，如拿着放大镜寻找昆虫、小动物，又或者铺上一块垫子，手持锅铲烧饭。

中班：中班孩子对角色游戏已经有一些经验了，因此可以在这里结合自然物开展角色游戏，如露天厨房、户外烧烤、树叶烤串，也可以进行植物扎染及添画。

大班：大班幼儿已经具备初步的探究精神，探索欲望强烈，能够在户外探索区对事物进行较为细致的观察，并在探索后记录自己的发现，与同伴进行交流。

图3-20　户外探索区

（9）滑梯下方区资源分析

滑梯下方区位于滑梯的下面，由于面积较大，可以进行迷宫类游戏供幼儿探索，也可利用滑梯的遮挡部分在雨天进行活动（见图3-21）。

活动建议：

小班：由于幼儿年龄较小，可进行户外娃娃家、躲猫猫等游戏。

中班：可进行迷宫、打击乐演奏等游戏。

大班：幼儿探索欲望强烈，可以进行创造性游戏或者绘画写生活动。

图 3-21　滑梯下方区

（二）园外资源

从园外环境资源来看，幼儿园地处万达商业圈，临近"五六月间无暑气，百千年后有书声"的南山昭明太子读书台，既有秀丽的风景，也有浓厚的文化底蕴。周边3千米范围内有常发、万达等大型商场，有市政府、黎明社区医院、消防大队、南山菜场、锅盖面馆、花鸟市场，还有理发店等。

通过级本考察项目活动的探秘，将园外资源引入园内，转化为孩子们活动的素材，如结合"小威考察队行走活动"，把幼儿园周边的黎明社区医院"搬进"幼儿园，变成有趣的游戏资源，生成角色游戏课程活动。近年来，我们通过调查建立周边人力资源档案，梳理并绘制了园所周边3千米内的资源地图。筛选适合幼儿实践的场所，基于"儿童立场"进行价值评估、整合与梳理，最终构建了一个丰富、立

体、多元的"阅自然、社会、文化"资源库,其中包括"幼儿园周边
课程资源导航地图""幼儿园周边资源卫星地图"(见图3-22)等。
为了构建课程资源库,教师和幼儿通过多次远足、考察活动,主动寻
找身边可利用的资源,详细记录这些资源的地理位置、类别、内容、
数量等信息,收集整理的具体内容如下。

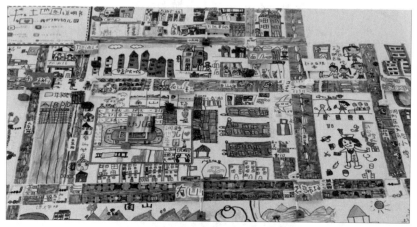

图3-22　幼儿园周边资源卫星地图

1. 自然资源

(1) 南山资源分析

① 场地大,视野开阔,利于开展大型运动类活动。

② 风景秀丽,古色古香,利于开展各类艺术活动。

③ 自然植被多,能感知季节变化,利于开展体验季节、感受自然
的活动。

④ 南山文苑文心阁内设有南山书法室,传递南山特有的"福寿
文化",可开展感受中国传统文化的活动。

⑤ 南山高崇寺院内耸立着百年银杏,每逢深秋,一地金黄,满院
挡不住的秋色,可开展写生、感受季节的活动。

活动建议:

小班:涂鸦风筝、亲子放风筝活动;寻找春天的春游活动。

中班：结合国庆节可开展"闪闪小红星，重走长征路"亲子长征路活动；亲子马拉松活动。

大班：金黄银杏美景写生及寻找秋天的活动；迎新年，传承书法文化活动。

（2）金山资源分析

① 金山湖周边风景秀丽，是赏荷胜地，湖里种有满江红、舞妃莲、红千叶、粉面桃花等，可开展写生等活动。

② 金山祈福撞钟活动向来是镇江新年的传统节目，可开展迎新年活动，感受镇江传统的年味儿。

③ 金山是镇江著名旅游景点，外地游客较多，可开展文明旅游宣传使者活动。

活动建议：

小班：秋游活动；夏季荷花写生活动。

中班：荷花生长周期记录活动；夏季荷花写生活动。

大班：迎新年活动，感受镇江传统的年味儿；文明旅游宣传、景区公益讲解、红色故事宣讲等志愿服务活动。

（3）伏热花海庄园资源分析

① 风景秀丽，花卉繁多，适合开展各类艺术活动，感知季节变化，利于开展体验季节、感受自然等活动。

② 伏热花海庄园设有儿童乐园，细分为玩沙区、秋千和滑索区、旱喷和水乐园区、攀爬和蹦床区等单元，为儿童和亲子家庭提供了充满趣味的户外游玩体验。

③ 伏热花海庄园设有萌宠乐园，可以组织亲子宠物喂食活动，乐园还优化了深受小朋友们喜爱的赶小猪比赛，增加了小矮马骑行体验项目，可以让孩子们与动物近距离接触。

活动建议：

小班：春游活动；寻找不同颜色的花活动。

中班：寻找秋天活动；草坪音乐会活动。

大班：伏热花海美景写生活动；亲子喂萌宠活动。

（4）北固山资源分析

①"一座北固山，半部三国史"，北固山是一座历史文化名山。可开展开阔幼儿视野，使其亲近自然、感受自然之美的活动，增进亲子间的感情。

②北固山风景秀丽，故有"京口第一山"之称。可开展绘画写生等活动，亦可引导幼儿初步认知自然环境中物体的上下左右位置，合理安排画面结构，激发其对家乡自然环境的热爱之情。

③甘露寺雄踞山巅，建于东吴甘露年间，可根据三国时期吴国的传说和遗迹开展讲故事比赛。

④甘露寺铁塔历史悠久，呈平面八角形结构，下有塔基（莲座），可开展写生绘画及搭建"铁塔"活动。

活动建议：

小班：组织亲子春游、秋游活动。

中班：可开展徒步活动，增强体质，培养幼儿坚韧不拔的意志；开展写生活动。

大班：开展讲故事比赛，感受历史故事的魅力，选拔文明旅游宣传、景区"小小讲解员"活动；探究"塔"科学活动、建构活动。

（5）长山薰衣草庄园资源分析

①由于花期不同，花的颜色不一，花海区域梯田式的设计使花圃层次更加分明，适合开展写生等艺术活动。在这里，可以感知季节变化，利于开展体验季节、感受自然等活动。

②长山薰衣草庄园设有孔雀园、蒙古包、天鹅湖，可为儿童和亲子家庭提供饶有趣味的户外游玩体验。

③长山薰衣草庄园设有恐龙谷，在这里，有各式各样的恐龙（霸王龙、黄河巨龙、翼龙等），可以见到、摸到多种仿真恐龙。它们不仅身躯庞大，而且能动，还能发出逼真的吼叫声，穿梭其中，仿佛置身亿万年前的侏罗纪世界，适合开展科学探索类活动。

活动建议：

小班：亲子春游活动；亲子 DIY 风筝。

中班：户外探索活动，探寻生物奥秘。

大班：薰衣草写生活动；"萌翻海陆空"活动，与几十种奇趣小动物零距离互动。

（6）米芾书法公园资源分析

① 米芾书法公园位于镇江市丹徒新城十里长山文化园西北侧，根据场地、自然特征和景观特色，划分为四大功能区域：书法体验区、书法展示区、书法教研区和文化休闲区。

② 米芾书法公园内设有"一轴四景"，全长3千米的生态景观轴连接着以墨池广场为引领的"四景"，特色鲜明。

③ 园内设有互动馆，可使幼儿亲身体验书法的魅力。

活动建议：

小班：书法欣赏活动。

中班：认识书法书写工具，辨识浓墨和淡墨。

大班：了解汉字演变历史，掌握正确的书法书写姿势。

（7）宜园资源分析

① 宜园地处丁卯片区，属于徽派古典园林风格，园内有山有湖，建筑独具特色，精致典雅，文化底蕴深厚。

② 宜园是以小桥流水为基调的古典形式的现代江南园林，全园分东、中、西三大区，建有各式古典亭、台、楼、榭和古桥。三大区分别采用地产湖石、黄石、卵石造景，共建有柳堤春晓、荆溪览胜、碧叶红英等景点。

③ 江南园林风格的建筑，有假山、小桥、回廊、绿道、茶室，还有适合搭帐篷的大片草坪，很适合放松身心。

活动建议：

小班：汉服"打卡"、露营活动。

中班：走进秋天，聆听秋风、欣赏秋叶，寻找秋天的痕迹。

大班：宜园写生活动，感受徽派建筑的特色。

2. 社会资源

（1）镇江市政府资源分析

① 结合"政府开放日"，可开展"探秘市政府"活动，让幼儿了

解市政府工作人员的工作环境、开会环境和就餐环境等，引导他们从表面观察走向深入了解。

② 市政府的建筑结构独特，可开展绘画写生等活动，可鼓励幼儿拓展思维，描绘出自己心目中的城市形象，体现出少年强则国家强的美好愿望。

③ 市政府于 2020 年 6 月成立了儿童议事团，可开展参观、了解儿童议事等内容的活动，培养孩子从小独立思考和辩论的能力。

④ 市政府南面有一个人工湖，春季湖边开满了桃花、樱花，可开展写生绘画等活动。

⑤ 结合国庆等节日，可在市政府广场开展爱国主题的大型"学习强国"活动。

活动建议：

小班：写生绘画活动。

中班：开展写生绘画等活动；结合"政府开放日"，可开展"探秘市政府"活动。

大班：开展"我们是城市的主人"儿童议事厅活动；市政府广场可开展爱国主题的大型"学习强国"活动。

（2）润扬长江公路大桥资源分析

① 润扬长江公路大桥（以下简称润扬大桥）是我国建成的大跨度悬索桥之一，主跨跨度为 1490 米。可开展探秘"桥"的科学活动。

② 润扬大桥外形美观、大方，具有科技感，可开展写生绘画及搭建桥梁的活动。

③ 润扬大桥公园内设有"润扬大桥展览馆"，馆内有关于大桥建设的红色故事、建设历程、大桥模型等内容，可开展参观活动和红色教育活动。

活动建议：

小班：写生绘画及搭建桥梁的活动。

中班：探秘"桥"的科学活动。

大班：参观活动和红色教育活动。

（3）开心休博园资源分析

① 开心休博园坐落于镇江江中宝岛世业镇，将开心乐之岛、动物园与采摘园相融合，动静结合，使幼儿能在游玩中学习。

② 开心休博园引进先进技术和设备，为幼儿打造了一个有趣的游乐园，为家长们搭建了一个共度美好亲子时光的平台。

③ 开心休博园内有许多可爱的小动物，幼儿可以近距离观察小动物。

活动建议：

小班：亲子春游活动；萌宠喂养。

中班：春游活动；动物大探秘活动。

大班：探寻植物生长周期活动；写生活动。

（4）社区医院资源分析

① 镇江市润州区黎明社区医院位于镇江城市中心，建筑面积约8000平方米。

② 医院开设疾病预防、保健、护理与健康教育等门诊科室。

③ 医院与人们的生活密切相关，了解医院可以缓解幼儿对医院、医生、打针等的排斥感和恐惧感，让他们生病时在心理和生理上都能配合医生的治疗。

活动建议：

小班：亲子参观社区医院，了解医生和护士的工作，认识简单的医疗器械。

中班：返场游戏——扮演医生、护士和病人等角色，合作进行"娃娃医院"游戏。

大班：可邀请社区医院医护人员来园介绍医生和护士的工作；可开展"讲卫生我知道——小小讲解员"活动；还可以创新思维，探究医院的房屋结构，开展科学活动、建构活动。

（5）银行资源分析

① 银行是办理存款、贷款、汇兑等业务，承担信用中介的金融机构。可以开展家长助教活动，由家长带幼儿参观银行，通过银行工作人员的介绍帮助幼儿认识货币等。

② 银行还可以办理信用卡业务，客户可凭信用卡在商店进行刷卡消费，也可在 ATM 机上取款。孩子可以通过参观银行，了解银行工作人员办理信用卡的工作流程。

活动建议：

小班：参观银行，了解银行工作人员的劳动与人们生活的关联。

中班：了解银行的功能及基础的金钱知识，体验银行的工作内容，丰富社会经验。

大班：邀请银行工作人员普及钱币知识和真假币识别技巧。

（6）大华面馆资源分析

① 大华面馆作为一家接地气的锅盖面馆，深得镇江人民的喜爱，虽然环境简陋，但是物美价廉，踏入店内就能感受到浓郁的人间烟火气。

② 大华面馆地理位置优越，出了面馆向西走可以看到镇江方志馆。参观方志馆可了解镇江的发展历程，馆内设置了专门的阅览区。从方志馆继续前行可抵达镇江博物馆，馆内陈列着丰富的历史文物，可感受历史的变迁。

活动建议：

小班：家长、幼儿一起品尝大华面馆锅盖面。

中班：开展返场区域游戏。

大班：幼儿可观察了解锅盖面的制作流程。

（7）润州区消防大队资源分析

参观消防队的教育活动可以加强幼儿对突发事故的灵活应变能力，帮助幼儿掌握消防安全知识、提升消防意识，习得更多的自救、逃生、自我保护的具体方法；还可以开展消防安全演练活动。

消防队设备齐全，孩子们可以在认识消防工具的同时，体验各种自我保护的措施，增强自我保护意识。

活动建议：

小班：和爸爸妈妈一起参观消防队。

中班：了解消防员的工作，认识消防设施装备。

大班：参加"小小消防员"实践活动，体验穿消防队服、乘坐消防车。

（8）恺源旅游超市资源分析

① 参观超市可以让孩子对数字、商品、买卖形成初步的概念。

② 幼儿可以通过商品的规律摆放对找规律游戏有初步的了解。

③ 超市的区域划分可以启发幼儿对班级区域划分产生自己的见解。

活动建议：

小班：参观超市，初步了解接待礼仪。

中班：观察物品摆放，寻找规律，并运用到班级区域游戏中。

大班：观察收银员结账时的操作，引导幼儿初步理解数字及买卖的概念。

3. 人文资源

（1）醋文化博物馆资源分析

① 中国镇江醋文化博物馆是国内首家专业性主题醋文化博物馆，包括醋史馆、老作坊、陈列馆三大主体展馆，以及一个体验馆。可组织幼儿参观，了解并感受镇江的醋文化。

② 老作坊中可以了解镇江香醋的酿造工艺、用料，可体验酿酒、制醅、淋醋三大过程，开展体验和返场游戏。

③ 可以结合在镇江广为流传的"杜康造酒儿造醋"的民间传说，开展醋文化故事节活动，激发幼儿爱家乡的情感。

④ 场馆中有曲折的回廊、典雅的马头墙、精致的木格花窗、白墙黛瓦的仿古建筑……俨然一座精致的江南小园。可开展写生等活动，感受古典韵味。

⑤ 陈列馆中工作人员会给每个游客准备醋小样品尝，可开展有关五感的活动、品尝特产活动等。

活动建议：

小班：可开展参观活动，了解和感受镇江的醋文化；有关五感的活动、品尝特产活动等。

中班：可开展醋文化故事节活动，激发幼儿爱家乡的情感；写生等活动，感受古典韵味。

大班：幼儿可体验酿酒、制醅、淋醋三大过程，可开展体验和返场游戏。

（2）西津渡资源分析

① 西津渡古街上存有很多明清时期的建筑遗迹，砖木结构，雕花的窗栏一律漆成朱红色，给人以"飞阁流丹"的感觉，可开展写生、探秘房屋结构等活动。

② 人文与自然在西津渡和谐交融，可开展"我爱我的家乡"主题活动，如进行亲子义卖、参观家乡的建筑、感受家乡的历史等活动，体味镇江原汁原味的历史风情和风貌。

活动建议：

小班：绘画写生活动；亲子义卖活动。

中班：巡游西津渡，走进古街。

大班：家乡主题系列活动；探秘房屋结构活动。

（3）镇江博物馆资源分析

① 镇江博物馆是国家一级博物馆，它分为新馆、老馆两个展馆。老馆以古代文物为主，以西周及春秋时期青铜器、六朝青瓷器、唐代金银器、明清书画为馆藏特色；新馆以近代史为主。可开展参观活动，让幼儿了解并感受镇江的历史文化。

② 博物馆老馆的一部分为原英国领事馆旧址建筑，具有东印度式风格，在建筑学上被公认为有很高的艺术欣赏价值。馆内建筑风格沉稳大气。可开展探秘房屋结构活动。

③ 工艺品展厅有近百件工艺精品，包括雕瓷、紫砂、玉器等，可开展系列手工活动。可引导幼儿感知历史、了解历史，深切感受展品所蕴含的历史文化和科学知识，激发幼儿热爱祖国、保护文物的美好情感。

活动建议：

小班：亲子参观博物馆。

中班：走进博物馆，感受历史魅力。

大班：历史文化主题系列活动；艺术鉴赏、绘画写生活动；馆内"小小讲解员"活动。

（4）镇江市科技馆资源分析

① 科技馆以"探索、发现、启迪、创造及长江大保护"为展示主题，常设展厅面积达 10266 平方米，设置了主题展厅、科普活动区、临展区等科学互动空间，可以让幼儿与科学活动亲密接触。

② 科技体验区包括序厅、儿童自然探秘、万物之理、生命数据、能源密室逃脱、魔法乐园、镇江故事七大主题展厅，涉及健康生活、航海航空、低碳生态、新型材料和绿色能源等内容，可以开展宣传活动，树立幼儿低碳环保的观念。

活动建议：

小班：亲子参观科技馆，一同欣赏科普活动，如空气火箭、神奇的太阳灯、迷你"玉兔号"等。

中班：走进科技馆，探索宇宙，开展了解航空航天系列活动；观看科学实验秀。

大班：可以开展科学探索活动"有趣小实验"；可以开展绘画创作活动"手绘科技梦"。

（5）镇江市图书馆资源分析

① 镇江市图书馆属于地（市）级公共图书馆，它的前身是创建于 1933 年的江苏省立镇江市图书馆。1949 年改名为苏南镇江图书馆，1957 年更名为镇江市图书馆。

② 镇江市图书馆有 90 多年的历史，目前馆址设在市中心山门口街，藏书 45 万册，馆内开放 7 个阅览室和 3 个外借处，1982 年 6 月建立了少儿图书馆。

活动建议：

小班：亲子参观图书馆。

中班：感受图书馆的氛围，了解图书的由来、分类等。

大班：了解借书和还书流程，用不同方式制作借书卡；写读后感。

（6）京口闸遗址资源分析

① 京口闸是江南运河上的第一座闸，堪称漕运的咽喉、交通的枢纽，历经唐代至清代，民国时期被填埋为路。京口闸遗址作为大运河文化遗产的精华部分之一，具有重要的历史文化价值。

② 2019 年，京口闸遗址入选第八批江苏省文物保护单位。

活动建议：

小班：亲子参观游览遗址。

中班：了解闸口的基本知识等。

大班：知晓该闸口的全称，明确闸口的具体作用，可以带画本写生闸口的大致模样。

（7）梦溪园资源分析

梦溪园位于镇江市梦溪园巷 21 号，是北宋时期著名科学家沈括晚年居住并撰写科学巨著《梦溪笔谈》的地方。梦溪园占地 10 多亩，园内的建筑物有花堆阁、岸老堂、萧萧堂、壳轩、深斋、远亭、岌峡亭等。

活动建议：

小班：参观梦溪园。

中班：参观园内各个房间，了解沈括的日常生活条件。

大班：引导孩子了解沈括著作《梦溪笔谈》，进行园景写生等。

（8）伯先公园资源分析

① 伯先公园是为纪念民主革命先烈赵声而建的，是镇江市唯一的纪念性公园。

② 1979 年，国家名誉主席宋庆龄为伯先公园题写园名，现勒石于公园大门右侧。1980 年 10 月，原孙中山先生秘书田桓亲书《赵伯先简历》，现刻嵌于公园大门左侧。

③ 山顶有专祠遗址等，两边分布着其他建筑，演讲厅旁设有儿童乐园，东北侧为动物园，西南侧有翠绿茶社（原名挹翠茶社）、齐云亭、书场、花房等。

活动建议：

小班：亲子春游、秋游活动。

中班：可开展徒步活动，增强体质，培养幼儿坚韧不拔的意志。也可开展写生活动。

大班：引导幼儿了解中国古建筑特点，感受历史故事的魅力。可开展文明旅游宣传活动和景区"小小讲解员"活动。

（三）课程资源与儿童经验的有效链接

根据幼儿的操作兴趣、发展需求及活动中遇到的相关问题，通过经验分享、现场观摩、教研解剖等方式，开展"从课程资源到儿童经验"的园本研训，结合园内外资源，梳理儿童已有经验，追随儿童游戏中的兴趣变化、经验提升，以及不断生成的新需求，创设有准备的环境，提供开放的、多元的游戏材料，支持幼儿获得新经验。

以小班班本项目活动"小鸡从哪里来"为例，孩子们对绘本中所描绘的小鸡的生长过程产生了浓厚的兴趣。教师巧妙地结合家长资源和园外社会资源，鼓励家长利用周末的时间带孩子去参观养鸡场。通过实地参观，孩子们开始关注小鸡的外形特征、饲养环境和喜好，感受生命的神奇，对小鸡也愈发感兴趣，且在他们幼小的心灵埋下了关爱生命的种子。在这个过程中，教学团队逐渐形成"追随兴趣—挖掘资源—获得经验"这一三步骤的资源与经验链接模式。该模式有效提高了教师的课程预设与组织能力，让教师发现、挖掘资源并充分地运用到幼儿园课程中，实现资源利用的最大化，最终促进幼儿的成长与发展。

二、环境创设

（一）倾听幼儿的声音，环境中藏"规"

1. 鼓励幼儿参与生活规则的约定

我园充分挖掘幼儿一日生活和生活环境的教育价值。教师在创设本班环境之前，需先思考创设什么样的环境更能助力幼儿的成长，如何更好地发挥环境的教育价值，以及本班的幼儿更需要或更喜欢什么样的环境。倾听幼儿的声音，倾听幼儿对生活的感知，倾听幼儿对集体生活环境创设的想法，将育人环境还给幼儿。让幼儿参与一日活动流程、班级生活公约、每日喝水的记录，以及餐点最美时光、个性签到等环节的讨论和决策。这样做不仅能让他们感受到自己的权利和重要性，还能让他们在自己参与创设的良好环境中实现自我发展。

不同年龄段幼儿参与一日活动流程图创设，具有不一样的教育意义。对于小班幼儿，我们倡导"我的生活我知道"的理念，鼓励他们勇敢地表达自我，如"我喜爱幼儿园中的哪些活动""我愿意和谁一同玩耍"等，旨在协助幼儿清晰了解并适应幼儿园一日生活的节奏，从而积极融入园内生活。对于中班幼儿，我们提出了"我的生活我喜欢"的主题。中班幼儿通过运用自己能够理解的图文方式，自主制作一日流程图，并借助幼儿间的投票机制，选取最受大家欢迎的一日流程图布置环境。而对于大班幼儿，我们则倡导"我的生活我做主"的原则。大班幼儿通过独立或小组协作的方式，选择自己喜爱的材料，自主制作一日活动流程。在此过程中，我们特别强调"自己喜欢的材料"背后所蕴含的"自我意识"的重要性，这是儿童主观立场的一种体现。园所应高度重视并尊重这种立场，同时采取相应的措施予以保护。

2. 分解幼儿生活行为任务的步骤

当生活行为任务被细化为具体步骤，可以通过一些提示图，如冬季幼儿洗手卷袖子提示图、幼儿七步洗手图、幼儿擦屁屁步骤图、幼儿折叠衣服步骤图等，对幼儿主动尝试起到提示作用。即便他们可能做不到，但能让他们明白个人生活卫生习惯的要求，同时也能提高他们对图示的理解能力。环境在无形之中服务于幼儿生活，可以助力幼儿养成良好的卫生习惯。

3. 提供幼儿生活习惯的记录

在班级饮水区域设置幼儿生活墙，用以记录幼儿自主吃点心和自主饮水的行为，鼓励幼儿在完成自我服务后留下痕迹。幼儿在吃完点心、喝完水后，可以回去查看"记录卡"上自己的情况，如吃了几块饼干、喝了几杯水等；在完成记录之后，还可以通过查看记录看还有谁没有吃点心、喝水，并主动提醒他。这种环境的营造不仅可以增强幼儿的自我服务意识，而且可以加强同伴间的相互交往。

幼儿园不仅仅重视教室环境的"规"，更重视其他环境的"规"。我们放手让孩子参与公共环境创设，如：公共环境的规则暗示就包含"在楼梯的左右两边贴上小脚印"提醒幼儿上下楼梯靠右走的正确方式；"在幼儿园户外贴上整理好的运动器械图片"引导幼儿在运动结束后正确地对器械进行归位；等等。在精心营造的环境中，幼儿得以更好地进行自我服务，并通过观察规则图标检视自己，从而获得成就感，养成自我服务和为他人服务的习惯。

（二）尊重幼儿的发展，环境中留"白"

1. 空间区域留"白"

幼儿是班级空间环境的使用主体，在设置空间区域时，应尊重幼儿的发展，理解幼儿情绪的变化状况，带着幼儿一起参与空间布局设计。在保障幼儿基本活动区域得到满足的前提下，各班还设有一个"留白区"，此区域是满足幼儿抒发个人情感和排解低落情绪的专门场所。幼儿根据自身的需要设置当前需要的区域标识，如"好友悄悄话""快乐留声机""亲人思念屋""情绪晴雨屋"等，这个区域给幼儿预留了表达快乐、释放伤心、寄托思念及享受独处的空间。当幼儿因与同伴相处产生纠纷，或因受到批评而难过，抑或因家人外出、亲人生病等情况产生不愉快的情绪时，他们可以在留白区自主设定区域，寻求心理安慰，排解心中的消极情绪。这样的安排使幼儿在园中的生活能够得到更富有人性色彩的关怀，让幼儿在班级环境中有安全感和放松感。

2. 主题墙饰留"白"

幼儿园班级主题墙是指教师或幼儿围绕中心议题及与之相关的内容创设的墙面环境，它是一种隐形的课程资源，具有教育及审美的功能。班级主题墙能够将幼儿的学习过程以显性的方式呈现在幼儿眼前，幼儿通过自己的“一百种语言”，以文字或图画等多种形式表达对主题活动的探索，这些表征会呈现在主题墙上。当主题墙留有空白空间时，会激发幼儿对这些空白之处进行“补白”的强烈欲望，进而使幼儿形成各自的“格式塔”，共同构建出统一的整体。幼儿凭借已有的经验进行思考和填补，此乃幼儿自主创造和想象的过程。通过留白，搭建起幼儿与主题墙联动的桥梁，使得主题墙成为幼儿想象力尽情驰骋的疆域，同时也是幼儿自由创作的天地。主题墙成为幼儿学习探究的一种“记录板”，让幼儿的学习“看得见”，让幼儿在成长过程中拥有自主感、愉悦感和成就感。

以小班妇女节主题活动“我的妈妈最美丽”为例，教师会基于幼儿的兴趣及自身的专业判断，构建主题墙的网络图，分别涵盖“我的妈妈最美丽”“妈妈的花裙子”“妈妈的工作”等方面的内容。随着妇女节主题的推进，幼儿主题活动内容会由教师呈现在主题墙上。同时，教师在主题墙的创设中有意识地留下一片空白的区域，并留出一定的时间，让幼儿思考和观察“妈妈最喜欢什么”这个问题。幼儿积极地参与主题墙的互动，在主题墙的留白处留下对这个主题的“一百种语言”的表征。在幼儿的主动学习、探索、表达中，主题墙环境渐渐富有生机，伴随着幼儿探索内容的深入和活动兴趣的变化，主题墙不断跟进、调整。这样逐步积累而成的主题墙更生动、直观、真实地再现了幼儿的探索过程，满足了幼儿的情感需求，激发了他们自主探究的兴趣，同时展示活动记录也为他们带来了愉悦感。

（三）保护幼儿的好奇心，环境中展“景”

一年四季，幼儿园里都会有不同的课程风景。和而不同的阅历（阅书本、阅社会、阅自然、阅文化的五级课程）联袂演绎，展现了开放的、多元的、互动的、共享的课程环境，整个幼儿园进而成为支持儿童主动学习的场域。

1. 门厅环境彰显文化魅力

幼儿感受环境的能力很强，环境的变化能够充分激发他们的学习兴趣。鲜活有趣的课程经历更能引导幼儿进行个性化的思考和理解，催生富有创意的表达表现。

门厅是家长、教师、孩子每天都会接触到、感受到的地方，体现着一个幼儿园的办学风格和教学品位。正厅的环境创设是根据节日（春节、儿童节、中秋节、国庆节等）或主题（花婆婆阅读节、年货直播等），由孩子和老师共同参与，且不断调整和更新的。主墙面设置了一面幼儿照片墙（展示小班所有孩子的照片），配有原木色基调的相框、柜子，顶部悬挂射灯，映照出每个孩子灵动的笑脸。

照片墙中间展示的"自由、自主、创造、愉悦"八个字，不仅体现了课程游戏化的精神，更是教师眼中教育的呈现，包含"教育就是给他时间，让他胡思乱想"等教育观点；照片墙上还贴了名为"孩子眼中的老师"的小诗——"给我温暖，教我做人，让我有前行的力量，你就是我心中的一束光""陪我嬉戏，伴我成长，我向你奔赴而来，你就是我的星辰大海"。小诗还配有幼儿画，孩子们稚嫩的笔触流露出真挚的感情。在各项设计中让幼儿和老师融合为一个整体，充分彰显幼儿园"为孩子的快乐人生奠基"的办园理念。

2. 转角环境渗透大师手笔

幼儿美育教育无处不在，一个色彩和谐、布局恰当的环境就是在潜移默化地培养着孩子的审美能力。我们尝试打破班级界限，充分利用幼儿园的角角落落，吸引不同班级、不同年龄的幼儿共同开展活动。

楼梯转角是幼儿每天必须经过和接触的地方，它同样肩负着教育的功能和职责。幼儿园利用楼梯转角环境设置"转角遇见大师"艺术作品展览角，展示艺术大师极具风格的作品，包括四大主题——"邂逅米罗""蒙德里安的格子画馆""波点女王草间弥生""遇见凡·高"，让孩子在与大师的对话中不知不觉地提高审美能力。我们会定期更换布置，营造幼儿喜欢的艺术氛围，利用瓦片、黑白灰色调创设出独具特色的中国水墨风格，让幼儿在不知不觉中感受中国艺术之美，接受中国美的熏陶，并在美育中培养鉴赏能力。幼儿园的艺术教育回归旨在融入幼儿日常生活，以"润物细无声"的方式产生效应。

3. 走廊环境探秘生长趣事

幼儿对植物生长的奥秘充满好奇，各班幼儿和老师共同在走廊上创设了童趣满满的自然角，并每天与之互动，探秘自然的故事。幼儿园的"小兔花园"里种植了几十种植物，幼儿可以在活动中观察植物四季的变化，比较不同植物的枝叶、果实等。

在自然环境中，幼儿会提出各种各样的问题，此时教师总是睿智地引导并鼓励幼儿自主探索。如：中二班的幼儿们开启了一场"拯救波斯菊"的系列活动。师幼多次讨论"波斯菊根茎为什么瘦小""如何拯救菊花""移栽能活吗"等问题，有效激发了幼儿的探究欲望。花箱上的一个个种植故事凝聚着孩子们对自然的热爱，将孩子们与自然互动的过程用故事记录下来，更能激发幼儿探索自然奥秘的兴趣。

（四）满足幼儿的游戏需求，环境中有"区"

我园结合园所建筑、空间的实际情况，对环境进行了巧妙地分区，与班级区域游戏环境互为补充，以确保满足全园幼儿的游戏需求，致力于为幼儿提供一个既有乐趣又有教育意义的游戏环境。

1. 户外平台开拓更合理

最大程度地利用好幼儿园内大小不同的公共走廊和平台空间，将幼儿园的室内外场地科学互联。师生讨论后，将幼儿交往互动频繁、表演展示多元的区域安排在户外平台，将相对安静、需要独立的游戏区域安排在室内走廊。全园整合开拓了一些零散的空间，打造了10个开放式公共游戏区域。

2. 班级走廊利用更适宜

为满足幼儿多样化的学习需求，我们将行政办公区域的走廊打造成公共游戏区。同时，与班级环境相互协调取舍，避免创设与公共游戏区雷同的区域，让公共游戏区成为教室区域的补充。如：利用二楼、三楼南北走向的走廊设置开放式的国画长廊、阅读长廊、陶泥长廊；利用三个楼层的走廊拐角设置玩沙区、墙面建构区、幼小衔接区。各班幼儿可以自主错时选择游戏区域，满足全园幼儿游戏的需求，助力幼儿在游戏中快乐成长。

3. 区域环境调整"更儿童"

在环境创设中，我们听取孩子们的建议，认可他们的想法，并将其融入真实设计之中。其一，班级游戏区域"更儿童"。小班区域以自主性游戏为主，设置了娃娃家、育婴房、奶茶店等角色游戏场景，作为班级游戏区域的补充；二楼、三楼的中、大班区域以探究性活动为主，设置了种植区、饲养角、试验区、写生区等自然角区域，供孩子们自主探究。其二，公共区域调整"更儿童"。从区域游戏材料的收集到环境的调整，都让幼儿参与。特别是三楼平台，我们在充分倾听孩子声音的基础上，结合课程游戏化的要求，逐步调整优化，从最早的娃娃家，到现在打造的角色游戏超市和艾玛剧场，让孩子们的"一百种语言"都融入其中，满足他们游戏的需要。幼儿与区域环境、区域游戏材料产生自然互动，区域环境"更儿童"，区域游戏更有趣，幼儿游戏更有意义。

环境如同孩子的第三位"老师"，对其影响深远。因此，在创设的过程中，我们充分考虑环境的教育性，使环境创设目标与幼儿园课程目标相一致。基于儿童立场的环境不仅为幼儿提供了学习和发展的机会，使幼儿在游戏中学习、探索，锻炼包括社交技能、情感管理、语言和认知能力等在内的各种技能，而且还影响着幼儿的行为和态度，助力他们形成积极的生活态度和价值观。此外，幼儿与教师共同打造并不断充实的美的环境，还有利于提升幼儿的审美。因此，在环境创设的过程中，我们同样要考虑环境的审美价值，以"自己做主"的风格引领孩子们走出"陶冶情操""规范行为""净化心灵"的第一步。在教师的引导下，建立幼儿的身份认同，增强他们的环保意识，提升审美品位，从而促进幼儿个性化发展。

我们把环境作为一种教育理念，让幼儿园的每一个角落都能在潜移默化中为幼儿提供善与美的教育资源，让课程的价值在与幼儿的互动中得到充分体现。

第五节　游戏渗透

游戏活动是幼儿阶段的主要活动形式，也是课程实施的重要途径。课程中的游戏活动主要分为高结构的规则游戏和低结构的自主游戏。游戏的形式可以是班级内开展的游戏（社会实践返场游戏、节日主题游戏、探究科学游戏等），也可以是不同年龄段之间学习与交往的游戏。

高结构规则游戏：师幼共同确立游戏主题、内容、规则等规则性较强的游戏，如与主题活动相关的体育游戏及区域游戏中的某些规则游戏。此类游戏一方面是课程内容的创造性再现和深化，另一方面也能增强幼儿的规则和集体意识。

低结构自主游戏：幼儿自主交流、分享和评价的“自由”游戏，在这类游戏中，教师是材料的提供者也是观察者。该游戏活动主要以户外自主游戏、区域游戏、公共区域游戏等活动形式实施。低结构的自主游戏让幼儿处于放松且材料丰富的自由社交环境中，可以充分发挥幼儿的想象力，增强幼儿自主选择和社会交往的能力。

班级常规游戏：

① 内容及数量：根据年龄特点，各班设置区域游戏内容（见表3-4）。

表3-4　各班区域游戏内容

年龄段	数量	内容
小班	5~6个	建构区、阅读区、美工区、娃娃家、生活区等
中班	6~7个	建构区、阅读区、美工区、益智区（科学区）、表演区（音乐区）等
大班	7~8个	建构区、阅读区、美工区、益智区、科学区、表演区等

各年龄段教室区域游戏设置平面图如图 3-23 至图 3-25 所示。

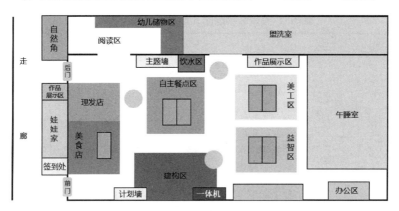

图 3-23 小班区域游戏设置平面图

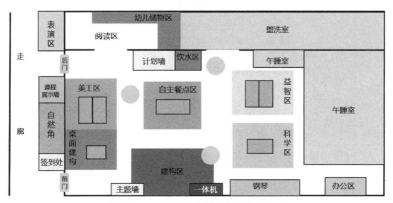

图 3-24 中班区域游戏设置平面图

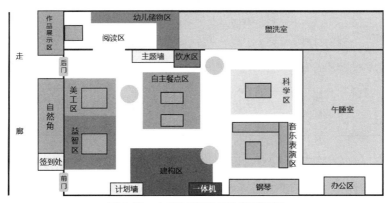

图 3-25 大班区域游戏设置平面图

② 材料投放：润州区实验幼儿园区域材料投放明细见表3-5。

表3-5　润州区实验幼儿园区域材料投放明细

区域	类别	材料清单
美工区	工具类	粘贴固定工具：固体胶棒、胶水、白乳胶、透明胶座及透明胶带、双面胶、订书机及订书针、橡皮筋、带子、夹子等 裁切工具：安全剪刀、戒刀、花边剪刀、打洞机等
	笔刷类	油画棒、水彩笔、蜡笔、粉笔、排笔、彩色铅笔、勾线笔、水粉画笔、毛笔、毛刷、马克笔等
	印刷类	各类印模、印台、印章、油滚筒、简易版画工具等
	各种纸张	书面纸、色纸、玻璃纸、蜡光纸、瓦楞纸、报纸、挂历纸、包装纸、卡纸、水粉纸、海绵纸、牛皮纸、皱纹纸等（纸张大小也应根据实际需要灵活调整，避免幼儿长期使用某一规格的纸张，限制其创造性的发展）和纸张边角料
	雕塑类	黏土、陶土、面包土、橡皮泥、面粉团等塑造材料和擀面棍等塑造工具和铸模器材
	缝制类	大针孔的针、线、织布机、绣花绷子、花布、白布、毛线、编篮、十字绣等工具和材料
美工区	颜料类	广告颜料、水粉颜料、丙烯颜料、墨汁等
	废旧、自然材料	棉签、毛线、纸板、牙签、纸巾轴、空瓶、空罐、扣子、贝壳、干果壳、五谷、纸盒、瓶盖、吸管、纸杯、一次性筷子、花边、碎布、铁丝、铜丝、石头、光盘等
	辅助材料	画架、水桶、桌布塑胶布、垃圾桶、塑料筐、擦手毛巾、海绵、小碟子、防水围裙、工作罩衣、抹布、刷子、丝网（做框）、画架、滚筒、夹子、棉签等
	其他手工材料	各色珠子、亮片、各色小软团球、白扇、蛋糕盘、净色脸谱、泡沫蛋、毛根、冰棍杆、各色棉线、各色长吸管、粗吸管等

以大班"遇见春天"区域游戏计划表（见表3-6）为例，该计划表就是在遵循"润州区实验幼儿园区域材料投放明细"清单的基础上，结合本主题活动的特点，进行了班本化的修改与丰富。

表3-6 大班"遇见春天"区域游戏计划

建议年龄段：大班

时间：4周

区域名称	项目	活动1	活动2	活动3	活动4
美工区	活动目标	"春天的小蜗牛" 1. 学习用螺旋形表现蜗牛壳的基本特征 2. 大胆用黏土进行装饰	"春天的花草" 1. 学习用折、卷、剪、撕等方法，把正方形、圆形、三角形和长方形的纸做成花条 2. 能大胆地用多种方法表现小草	"放风筝的小朋友" 1. 学习正确使用剪刀 2. 大胆想象创作各种风筝的图案，并进行装饰	"蝴蝶纸巾画" 1. 学习用水彩笔在餐巾纸上作画 2. 能大胆地用多种线条表现蝴蝶
	活动准备	超轻黏土、圆木片、塑料眼珠	超轻黏土、白色底座	白卡纸、水彩笔、剪刀	餐巾纸、水彩笔、彩色小夹子
	活动人数	4人	4人	4人	4人
	操作要点	1. 先将黏土搓成长条，然后卷成螺形做蜗牛的壳 2. 再选择一块黏土做蜗牛的身体 3. 粘上眼睛	引导幼儿学习折纸技巧，如折剪、任意剪、成片撕贴等	1. 在白卡纸上画出自己放风筝时的神态，以及风筝的图案 2. 剪的时候不要将绳子剪断	1. 学习在餐巾纸上画出蝴蝶的外形和图案 2. 用剪刀剪出蝴蝶的形状

续表

区域名称	项目	活动 1	活动 2	活动 3	活动 4
美工区	幼儿作品				
益智区	活动目标	"春日迷宫" 1. 学会看路线图 2. 找到正确的小动物回家的路	"铺草坪" 学会观察图形,填补空格	"小鸟抓虫" 1. 动脑筋思考问题 2. 体验和同伴游戏的快乐	"抓蝴蝶" 学会观察,找到颜色规律
	活动准备图				

续表

区域名称	项目	活动1	活动2	活动3	活动4
益智区	活动人数	4人	4人	4人	4人
	操作要点	1.选择喜欢的迷宫 2.帮小动物找到回家的路	1.选择草坪 2.尝试铺满草坪	1.两人游戏，自主选择角色 2.轮流移动棋子，一人一次	1.选择关卡 2.按规律摆好
阅读区	活动目标	"遇见春天" 1.通过阅读故事和角色扮演，感受寻找春天的美好过程 2.积极主动地参与寻找和发现，感受情节的趣味性，并能大胆表述，体验阅读的乐趣	"故事盒" 1.利用故事盒开展讲述活动，提高口语表达能力 2.鼓励幼儿将创编的故事记录下来	"春天的秘密" 引导幼儿阅读关于春天的故事，如"春天的秘密""春天的色彩"等	"春天的故事" 1.提供各种有关春季的花草动物的书 2.按图书画面顺序边看边讲述
	活动准备图				

区域名称	项目	活动1	活动2	活动3	活动4
阅读区	活动人数	2人	2人	2人	2人
	操作要点	操作材料复述故事	根据时间、地点、人物创编故事	探寻春天的秘密	尝试边看书边讲述
区域名称	项目	活动			
表演区	活动目标	1. 鼓励幼儿完整表演故事内容或演唱歌曲，有表情，有动作，声音响亮 2. 学会游戏后收拾物品，并摆放整齐			
	活动准备图				
	活动人数	4人			
	操作要点	指导幼儿与同伴协商分工表演节目，有表情，有动作，声音洪亮			

续表

区域名称	项目	活动1	活动2
建构区		"迷宫"	"美丽的主题公园"
	活动目标	1. 知道迷宫的主要特征 2. 能综合运用围合、架高等多种技能表现迷宫的特点 3. 明确自己的搭建内容，体验与同伴共同搭建的快乐	1. 综合运用围合、垒高、平铺、插接等技能建构出主题公园的小路、花、树林等物 2. 活动中鼓励幼儿互相帮助，互相合作，学会谦让 3. 能按标记收拾整理材料
	活动准备	迷宫图若干，幼儿已有玩迷宫的经验	清水积木、薯片罐、轨道、玩具、仿真树木和花卉
	活动人数	4人	4人
	操作要点	学会搭建技能，促使不同能力水平的幼儿都能得到发展	幼儿能够用语言表达自己的作品，并能总结创新
	幼儿作品		

续表

主题墙照片	细节照片	整体照片	教室环境

第六节 项目实施

阅历课程从生本、班本、级本、园本、园区5个方面进行，通过集体、年级组等审议挖掘项目价值，确立项目框架，追随幼儿兴趣和已有经验，旨在将体验式、自主式的学习方式融入幼儿的一日生活，让幼儿在每日的积累感悟及亲身经历中感知生活，引导幼儿对身边的事物积极思考，最终指向培养幼儿发现问题、解决问题、合作创新等学习品质。阅历课程五级项目实施内容见表3-7。

表3-7 阅历课程五级项目实施内容

五级课程	课程组织形式	完成目标
生本微项目	以教师和家长随时随地在生活中关注到的，幼儿需要的、感兴趣的事情或生活中遇到的困难与问题为切入点，开展以幼儿为主体的微小项目探究活动。如"大蒜成长记""小鱼为什么死了""土豆发芽了""恐龙的秘密"等	根据幼儿兴趣随机生成，确保1学年每班2~3个项目
班本项目课程	尊重幼儿生长规律和内在需求，结合幼儿年龄段特点和已有生活经验，以教材《幼儿园综合活动课程方案教师指导用书》为蓝本，以班级为单位，通过直接感知、亲身体验、实际操作、区域游戏等方式开展班本化活动	每学期每班4~5个主题，1学年每班8~10个项目
	精选优质绘本，编制各年龄段的绘本阅读书单，追随幼儿的兴趣，选择适合幼儿并有一定教育价值的绘本，开展探究式项目活动 以体验探究为核心，通过绘本阅读、科学探究、实践经历、体验尝试等方式，开展班本项目探究活动，构成启蒙式、多样化、综合性的班本项目课程	每学期每班1个项目，1学年全园共计22个项目

五级课程	课程组织形式	完成目标
级本考察活动	结合本土自然资源（金山、焦山、南山等）和社会文化资源（市政府、实验小学、规划馆、医院、银行等），绘制周边资源图，形成阅历课程资源库。在课程理念的指引下，通过集体考察、亲子考察、自然角故事、小记者采访、家长助教、返场游戏等形式，架构并开展丰富的、多样化的、符合儿童兴趣和学习方式的考察活动	每学期每个年级1~2个项目，1学年共计6~8个考察活动
园本主题活动	根据时间线索梳理出元旦、春节、妇女节、儿童节、端午节、中秋节、国庆节及二十四节气等各种节日及相应文化，形成自助式课程菜单。以全园参与的形式，教师和幼儿自主选择菜单内容开展系列活动，如"六一艾玛游戏节""年货大街""中秋月饼节""花婆婆剧场""大兔子阅读节"等	每学期1~2个主题，1学年共计3~4个主题
园区游学交流	借助集团化办园的优势，将天和星城和中海润泽园资源进行充分利用，设立"书童游学日"，定期安排多个园区之间的"游学日"交流体验课程，资源共享	每学年每位幼儿游学1次

第七节　生活活动

生活活动是幼儿阶段区别于其他年龄阶段更为重要的活动。生活活动是幼儿一日生活的基础与重点，能够满足幼儿的基本生活需求，培养幼儿必要的生活技能，是幼儿逐步走向自主、自理的基础。阅历课程的生活活动包括管理自我的活动和服务他人的活动。

管理自我是指幼儿管理自己的生活，包括基本生活（如盥洗、如厕、饮水、午睡等），以及自我服务（如组织点心、穿脱衣物、整理收纳、清洗打扫等）。

服务他人是指幼儿为他人提供服务，包括管理员工作（如管理鞋子、窗帘、餐具等）、值日生工作、种植工作、爱心大带小工作等。

第八节　家园共育

阅历课程强调"大教师观"的理念。这里的"教师"指的是幼儿园教师与幼儿家长。"大教师观"将传统单一的教师模式转变为多主体、多样式的评价模式。家长作为孩子的第一任教师，与幼儿园教师共同参与到课程建设、课程实施与课程评价中。通过教师在园内实施和家长在园外实施相结合，实现家园共育，共同完成课程目标。

一、家长学习社区

家长学习社区通过主题式家长会（学期初 1 次）、家长委员会（每学期 1 次）、预约式半日活动开放（学期中 1 次）、家长学校（每学期 2 次）等形式，为家长提供系统的指导，提高家长的教育水平，让家长具备与幼儿平等对话、与教师共同教育的基础认知。例如通过我们已开展的家长委员会专题活动，一方面家长们了解了幼儿园的文化、课程和育儿小妙招等，另一方面园方能够随时关注家长的动态，适时进行讨论、答疑，让家长走进幼儿园、走在学前，与学前教育工作者产生共情，形成共力。

 镇江市润州区实验幼儿园家长委员会专题活动

一、活动目标：

① 家长委员会成员相互认识，了解家长委员会的作用。

② 了解幼儿园，参与到幼儿园和班级的管理工作中，共同见证孩子们的成长与幼儿园的发展。

③ 了解幼儿教师职业的专业性，对幼儿教师工作多一分理解和体谅。

④ 更好地配合园方做好家园共育工作。

二、活动具体时间：2022 年 11 月 23 日上午。

三、活动准备：

a. 会场布置；b. 调试现场背景板、PPT 等；c. 发放家长委员会招募通知；d. 准备签到表；e. 各班保育员准备家长餐具；f. 准备家长委员会聘书及颁发证书音乐；g. 准备互动游戏。

四、活动流程：

① 家长参观幼儿园食堂。

② 主持人开场白。

③ 介绍家长委员会成员并颁发家长委员会聘书，合影留念。

④ 观看园所介绍视频，了解幼儿园整体情况。

⑤ 介绍幼儿园的午餐管理。

⑥ 跟着园长妈妈读绘本。

⑦ 热身游戏"纸条游戏"。

⑧ 班级陪餐活动。

五、具体内容：

【开场白】

尊敬的各位家长委员会成员，大家上午好！欢迎您和孩子一起来到润州区实验幼儿园这个温暖的大家庭，感谢各位家长在百忙之中抽出时间前来参加这一次的家长委员会活动，感谢您对孩子教育的重视和对幼儿园工作的大力支持。

家长是孩子的第一任教师，更是幼儿园重要的合作伙伴。我们的孩子需要家园共育的环境，我们的教育需要家长的理解、支持和帮助。正是出于对孩子们的那份责任和爱，我们相聚于此，在此，我代表幼儿园对各位家长的到来表示衷心的感谢和诚挚的欢迎，希望今天的家长委员会活动能让您对幼儿园的工作有更深的了解，带给各位家长不一样的体验与思考，以便我们更好地交流与合作。

（一）介绍家长委员会成员

本学期的家长委员会采用学期轮流制的方式，在班级群里公开招募，今天在座的各位都是支持幼儿园工作，在班级群里积极报名，为我们幼儿园的发展献计献策、奉献爱心、愿为广大家长服务的先进代表，特聘请在座的各位家长担任镇江市润州区实验幼儿园（天和园区）

家长委员会成员。首先，请大家自我介绍，我们来互相认识一下。

我来介绍一下身边的两位园长，这位是孩子眼中的园长妈妈——张园长。这位是钮老师，主要负责教育教学工作。我是陈老师，主要负责后勤与安全管理工作。

现在请各位家长到前排来，请张园长为各位家长委员会家长颁发证书。

（二）观看园所介绍视频

请各位家长就座，接下来请大家观看幼儿园的视频，相信通过这个短片大家能够了解实验幼儿园的发展历程。

（三）介绍幼儿园的午餐管理

接下来，由我向各位家长介绍幼儿园午餐的管理情况。

（四）跟着园长妈妈读绘本

下面请张园长引领大家阅读绘本《下一个雨天》。

（五）互动游戏

接下来，把会场交给钮老师。让我们一起来做个互动游戏——"纸条游戏"，这个游戏非常有意思，我们一起来试一试！

纸条一：想尽一切办法让对方听你讲话。

纸条二：无论对方和你讲什么，你都不理他（除非他打动你）。

游戏结束：我来问问这组的家长，你觉得你的任务完成了吗？对方有没有回应你，你有没有回答对方？从这个游戏可以发现，其实我们老师和家长的沟通有时也处于这样的尴尬阶段：某幼儿园小班刚开学，关于床位的选择，老师要求按报名顺序……

小结：沟通是双向的，相互配合、相互温暖的沟通才能解决问题，才能让我们的孩子拥有一个健康快乐的童年。

（六）品尝幼儿园食品活动

相信通过此次家长委员会活动，每位家长对家园共育都有所反思，从这一刻起，让我们一起为了孩子而改变，做一个积极向上、充满正能量的家长。接下来的工作，我们还希望得到家长委员会成员一如既往的支持。相信通过我们的全力合作，我们的孩子一定会更加健康快乐地成长！

最后，我们邀请各位家长委员会的家长品尝点心，这些都是厨房阿姨精心制作的。午餐后请您填写"润州区实验幼儿园家长委员会活动反馈表"，交给班级老师，谢谢大家！

家长委员会专题活动见图3-26至图3-31。

图3-26　给家长委员会成员颁发证书

图3-27　家长品尝下午餐点

图3-28　幼小衔接家长会

图3-29　家长心理讲堂

图3-30　班级家长会（一）

图3-31　班级家长会（二）

二、改革家访形式

结合家长的实际情况，我们对家访工作进行了革新，采用"菜单式"预约的方式（有登门访问、来园约谈、电话交谈、QQ 交流等方式），先让家长自行选择，然后教师再根据家长选择的情况制订家访计划。

班级教师会在每学期的家长会后，利用线上家访安排表（见表 3-8）等形式对家长工作进行菜单预约，每位家长根据自身实际情况选择适宜自己的家访形式。这种形式一方面避免了传统的上门家访对家庭的打扰，另一方面避免了女教师家访后独自夜行的危险。在近五年的实践中我们发现，选择登门家访形式的家长几乎为零，更多的家长喜欢园内约谈的形式。

表 3-8　线上家访安排表

班级：_____班

月份	家访形式	幼儿姓名
__月	登门家访	
	园内约谈	
	电话交谈	
	QQ 交流	

🚩 用爱养育，用心教育

——润州区实验幼儿园家园联系札记

家园联系表如表 3-9 所示。

表 3-9　家园联系表

班级	大二班	幼儿姓名	宸宸	家访地点	园内
家访时间	2022 年 11 月 16 日	家访教师	欧阳老师		

联系形式：□登门家访　□园内约谈　□电话交谈　□微信或 QQ　□其他

项目	内容
家访照片	（登门家访、园内约谈拍摄照片；电话联系截图；微信或 QQ 形式则将此栏删除）
项目	内容
家访内容	（微信或 QQ 聊天的粘贴聊天截图即可） 1. 交流孩子在校及在家表现 在校：能独立吃饭、小便，午睡一开始入眠困难，需要老师陪伴，后续情况好转； 接受新鲜事物比较快，但不太会和小朋友相处，需要家长多引导； 私底下话很多，但是上台后比较拘束，不太爱表达。 在家：家有二孩，有时不能很好地照顾到他； 孩子脾气比较急，表面活泼开朗，实际上很敏感，需要老师多些耐心和关爱。 2. 要求 在家多给孩子表达的机会，多引导孩子表达自己想法；进一步加强幼儿独立能力和生活自理能力的训练；希望家长能够积极配合学校安排，以更好地实现家园共育
问题与策略	家长的问题：孩子夜间尿不湿还没戒掉，导致中午偶尔会尿床怎么办？ 老师建议：建议睡前两小时不要喝奶及大量饮水，入睡后按照"二四六"的时间间隔带孩子小便。21 天养成一个好习惯，不要有畏难情绪，帮孩子度过这一时期，与孩子共同成长

三、"家长助教"项目

本园合理有效地整合家长资源，实行"家长助教"模式，从而形成适合"家长资源库"的项目活动案例。

 阅历课程——家长助教案例（小班）

家长助教活动，即家长走进课堂直接参与教育活动，协助教师或独立完成教学任务，实现活动教学目标。《纲要》中指出，幼儿园应与家庭、社区密切合作，与小学相互衔接，综合利用各种教育资源，共同为幼儿的发展创造良好的条件。从课程资源观的角度来看，家长资源是一种重要的校外课程资源，能够实现与幼儿园教育资源的优势互补。家长助教活动表见表3-10，"家长助教活动：军旅生活"见表3-11。

表 3-10　家长助教活动表

时间	活动名称	班级	家长	职业
2021 年 9 月	军旅生活	小一班	启源爸爸	军人
2021 年 9 月	龙的传人	小二班	昊宇妈妈	教师
2021 年 9 月	做月饼	小三班	涵郡妈妈	国企员工
2021 年 9 月	冰皮月饼	小四班	亦陶妈妈	社区
2021 年 10 月	七步洗手法	小一班	昱杰妈妈	医生
2021 年 10 月	爱护我们的牙齿	小二班	文齐妈妈	医生
2021 年 10 月	毛毛虫	小三班	家乐妈妈	教师
2021 年 10 月	粘贴长颈鹿（上）	小四班	泽涵妈妈	个体
2021 年 11 月	交通规则我知道（上）	小一班	昱杰爸爸	医生
2021 年 11 月	一起做薯条	小二班	廷益妈妈	公务员
2021 年 11 月	谁吃了我的大饼	小三班	逍逍妈妈	教师
2021 年 11 月	粘贴长颈鹿（下）	小四班	泽涵妈妈	个体
2021 年 12 月	交通规则我知道（下）	小一班	昱杰爸爸	医生
2021 年 12 月	认识常见的民族乐器	小二班	羽兮爸爸	教师
2021 年 12 月	彩虹实验	小四班	宸宏妈妈	个体

表 3-11　家长助教活动：军旅生活

活动名称	军旅生活	活动领域	社会	时间	2021 年 9 月
家长资源分析	启源爸爸是一位现役军人。恰逢国庆节临近，为培养孩子们的爱国情怀，班级正在进行国庆系列活动，在此背景下，启源爸爸受邀来给孩子们介绍军旅生活				
活动目标	1. 简单了解部队士兵的生活作息 2. 学习列队、站军姿、敬礼等动作				
活动准备	PPT				
活动过程					
导入新知识	组织幼儿集体观察解放军的标志、服装、武器等图片或实物，让幼儿看到真实的物品，并询问幼儿是否知晓这些物品的名称及用途				
讲解关于解放军的基本知识	借助图片、视频等材料，向幼儿介绍解放军的服装、武器、标志、军衔等方面的知识，并引导幼儿用自己的话简单地阐述解放军的基本概念				
日常生活了解	通过图片、视频等资料，让幼儿了解解放军的日常生活及日常训练。例如，让幼儿观看解放军日常生活中的饮食、起居、训练等情况的资料				
游戏体验——站军姿	第一步：导入 1. 播放军人站立姿势的视频资料，带领幼儿感受军人的整齐有序，以及军队的规范化行动 2. 以童谣或歌曲为例，例如"小蜗牛爬呀爬"，指导幼儿根据音乐做出相应的姿势变化 第二步：正式教学 1. 家长示范军人站立姿势，并强调：头部挺直、双肩平放、双臂自然垂下、双腿并拢、膝盖稍微弯曲。重点让幼儿注意头部、双肩和背部姿态 2. 组织幼儿模仿 让幼儿在音乐的节奏下逐渐调整自己的姿势。家长巡视幼儿站立姿势是否正确，及时纠正错误姿势 3. 强化训练 在音乐的伴奏下，家长反复示范军人站立姿势，鼓励幼儿积极参与并有意识地练习				

续表

活动过程	
游戏体验 ——站军姿	第三步：拓展应用 1. 创设听音乐时准确站立或做出指定动作的情境 2. 小游戏：军人站立抢球。幼儿分成两组，站在底线两侧，运球员把球抛往中间，首先以准确的站立姿势拿到球的队伍得分，输掉的一方则再次进行比赛
活动总结	1. 回忆本节活动学到了什么内容，再次强调站立姿势的重要性 2. 邀请几名幼儿示范正确的站立姿势，带动其他幼儿一起模仿
宝贝留言	点点小朋友：军旅生活太好玩啦 小苹果小朋友：长大以后我也要当军人
家长有感	启源爸爸：小朋友们都好可爱，希望孩子们能从小爱祖国

"家长助教活动：军旅生活"活动照片见图 3-32、图 3-33。

图 3-32　家长助教活动

图 3-33　家长助教活动

四、家园互动活动

以园或年级组为单位开展丰富多彩的家园互动活动，让家长了解幼儿各年龄阶段的发展规划及所要达到的目标，加强家园合作，形成教育合力。

"我运动，我健康，我快乐！"

——中班年级组亲子运动会活动方案

一、活动目标：

① 通过开展亲子运动会，加强家长与子女之间的情感交流。增加孩子之间、家长之间、师生之间，以及老师与家长之间的沟通与联系。

② 通过参加运动会，培养孩子积极进取、勇敢坚强的优良品质，增强孩子初步的集体荣誉感意识。

③ 通过运动会，培养孩子与父母或与同伴共同克服困难夺得胜利的精神，培养孩子参加体育活动的兴趣，让孩子亲身体验体育活动的魅力。

二、活动时间

2021 年 9 月 12 日上午 8：30。

三、参加人员

中班幼儿及家长（一个孩子由一名家长陪同参加）；

中班年级组教师；

各班家长委员会成员。

四、活动主题

我运动，我健康，我快乐！

五、活动场地

幼儿园操场。

六、活动准备

① 各班游戏项目准备。

② 器材准备：各项目所需器材及音响设备（喇叭、话筒）。

③ 场地准备：设置好观看位置，并将各比赛场地进行划分。

④ 其他物品：班牌、奖牌、奖状等。

⑤ 运动会前组织全体教职员工策划、安排运动会的各项事宜，提

前召开班级家长委员会，让家长了解活动流程并做好相关配合工作。

⑥ 运动会举行当天，各班在候场区整队，做好入场准备，入场顺序：中一班、中二班、中三班、中四班。

⑦ 各班家长委员会协助老师负责本班组织、安全、后勤、纪律、护理等工作。

七、活动要求

① 各班提前通知，请家长按时参加活动，当天必须全程陪同孩子，负责孩子的安全和如厕等活动。若有事不能参加，需提前请假且孩子不能单独入园。

② 游戏中所需物品由各项目组织者负责准备。

③ 各班要提前指导家长和孩子熟悉游戏方法，提醒家长与孩子遵守游戏规则。

④ 游戏场地、音响、话筒由分管人员负责安排。

⑤ 各班要进行进退场的演练，确保活动的有序开展。

⑥ 对幼儿进行安全教育、纪律教育，各班教师随时清点幼儿人数，游戏活动强度应适中，教师应时刻关注幼儿在游戏中的表现，发现异常应及时给予关注。

⑦ 活动时要及时提醒幼儿"安全第一，比赛第二"。

八、活动程序

① 家长到园签到，班主任开简短家长会。

② 组织家长入座观众席。

③ 入场式：运动员进场时（播放《运动员进行曲》）每个班选一个领队手举队牌，方正队跟在领队后面并喊口号依次入场，经过主席台，回到各班指定场地。

入场顺序：中一班、中二班、中三班、中四班。

④ 两个班级对抗，依次组织亲子游戏。

⑤ 各班教师带领本班幼儿进班颁发奖牌和奖品，宣布活动结束，依次退场，提醒家长将小椅子搬回教室。

九、亲子运动会项目

（1）我是你的眼（4轮）——每班选派8组家庭参赛

比赛准备：每个跑道用 5 个障碍物连接起来，眼罩 4 个。

比赛规则：家长用眼罩蒙住眼睛，幼儿用语言提示家长用 S 弯的方法绕过障碍物，最先到达终点的家庭获胜。

两个班级对抗进行比赛，每轮每班出 2 组家庭参加比赛，记录每轮的第一名。

（2）开飞机（4 轮）——每班选派 8 组家庭参赛

比赛准备：篓子、玩具。

比赛规则：家长在起点抱住幼儿的腰，幼儿双腿夹紧家长的腰，两手像开飞机一样伸展，比赛开始时，家长要抱着幼儿向前跑，到达终点时幼儿取一个玩具，原路返回送到篓子里，一分钟内拿得玩具最多的家庭获胜。

两个班级对抗进行比赛，每轮每班出 2 组家庭参加比赛，记录每轮的第一名。

（3）手推车（4 轮）——每班选派 8 组家庭参赛

游戏准备：垫子若干。

游戏规则：每个跑道 1 个家庭，幼儿手撑地，家长抬起幼儿的双腿从起点开始往终点前进，最先到达的家庭获胜。

两个班级进行对抗赛，每轮每班出 2 组家庭参加比赛，记录每轮的第一名。

（4）大头小头来顶球（4 轮）——每班选派 8 组家庭参赛

游戏准备：布球 8 个。

比赛规则：每个跑道 1 个家庭，家长和幼儿面对面头顶布球，从起点顶着球走向终点，中途若球掉落，则将球捡起从掉落处继续顶球前进，最先到达终点的家庭获胜。

两个班级对抗进行比赛，每轮每班出 2 组家庭参加比赛，记录每轮的第一名。

（5）我给爸爸妈妈穿衣服——每班选派 8 组家庭参赛

游戏准备：带拉链的衣服。

游戏规则：每个跑道有 1 名家长站在终点，其孩子站在起点，哨声响起时，幼儿拿起衣服跑向终点，给其家长穿上衣服并拉上拉链

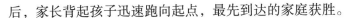

后，家长背起孩子迅速跑向起点，最先到达的家庭获胜。

（6）拔河（团体）——每班选派 10 名家长参赛

参加人数：每班 10 名家长。

比赛准备：拔河绳子。

比赛规则：每班挑选 10 名家长，获胜班级进行第二轮比赛。

亲子运动会活动照片见图 3-34、图 3-35。

图 3-34　亲子运动会各班运动员
入场照片

图 3-35　亲子游戏照片

亲子运动会家长反馈表见表 3-12。

表 3-12　亲子运动会家长反馈表

班级	中三班	幼儿姓名		奕桐	参加项目名称		拔河	
总体评价	1. 对此次活动安排：满意（√）比较满意（　）不满意（　）（请在括号内画"√"） 2. 对宝贝的表现：满意（√）比较满意（　）不满意（　）（请在括号内画"√"）							
目标		☆	☆☆	☆☆☆	目标	☆	☆☆	☆☆☆
教师和幼儿精神饱满，朝气蓬勃，活泼自然				√	教师和幼儿着装整齐，统一美观，适合运动			√
队列整齐，疏密得当，秩序良好，矫健有力				√	积极参与游戏活动，情绪愉悦，动静交替，未出现消极等待现象			√

续表

目标	☆	☆☆	☆☆☆	目标	☆	☆☆	☆☆☆
声音洪亮，口号清晰，内容积极健康，体现班级特色			√	幼儿能合理运用活动器械，具有自我保护意识，动作协调，掌握一定的运动技能			√
道具符合运动会主题，有特色，班牌设计新颖有创意			√	幼儿注意力集中，积极参与，游戏富有特色			√
户外活动场地安全、宽敞、卫生，能满足幼儿游戏活动需求			√	能大胆探索、积极创新游戏方法，与父母合作并协商解决问题，规则意识强			√
您对本次活动的建议与意见	今天亲子运动会，虽然天气炎热，但我们的运动员却不惧，一路勇往直前。小朋友们在运动会中感受到了竞技精神和集体荣誉感，并在比赛中了解了我国航天事业的发展，也在项目中体验了快乐，留下了参与的精彩瞬间…… 　此次活动家长也参与其中，我们不仅仅是观众，更是孩子们的支持者和鼓励者。亲子游戏环节更是拉近了师生与家长的关系，操场处处都是欢乐的笑声。 　运动会圆满成功，可想而知，各位老师为之付出了多少心血，非常感谢三位老师的辛苦付出，只有一次次地带孩子排练，才能达到整齐划一的效果；感谢小朋友的热情展示，你们个个都是 NO.1！这是一个有凝聚力的集体，作为家长，我要向老师表达由衷的感谢：老师们，你们辛苦啦！						

第四章 课程评价与保障

第一节 课程评价

幼儿园课程评价体系旨在完善既有课程、开发新课程，提高园本课程质量。它针对幼儿园课程中的幼儿发展、教师专业发展，以及课程设计与实施的各级因素进行评价，并根据园本课程目标、教师现状与愿景等评价标准细则，按照各细则之间的内在逻辑进行课程调控与价值判断（见图4-1）。

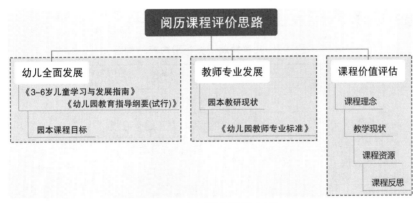

图4-1 阅历课程评价思路

一、基于课程目标的幼儿发展评价

我园阅历课程建立了"以儿童发展为中心"的多元化动态评价体系，确立了"每个幼儿都是独特的、有能力的学习者"的儿童观，并树立了"以支持为导向"的评价观。通过儿童发展观察评估,全面了解儿童发展情况,进行数据分析,形成系统科学的分析报告,并根据儿童发展的实际需要,提供合适的课程支持。从完善活动目标的设计、内容的选择、实施的路径、环境材料的投放、指导的策略等方面为幼儿园课程建设提供有效的反馈信息和改进意见,从而调整教育计划并采取有效的措施,促进幼儿园课程的不断完善和发展。

(一)儿童发展观察评估

进阶性评价 把儿童发展作为课程评价的核心,遵循《指南》精神,结合幼儿园课程目标和内容,以《润州区实验幼儿园儿童发展观察评估指引》(以下简称《儿童发展观察指引》,见表 4-3 至表 4-27)为评价工具,包括"健康""语言""社会""科学""艺术"五大领域,每个领域又有若干个星级指标,每个星级指标给出"内涵解释"、"发展进程"及"典型表现"描述,并用特定情境中的"行为示例"(以文字或图片的形式),帮助老师把观察到的幼儿日常行为与相应的进步台阶建立初步联系。教师可在此基础上举一反三,培养解读幼儿表现、评估幼儿发展的敏感性(见表 4-1)。

表 4-1　儿童发展观察指引内容结构表

领域	关切点
健康	情绪的辨识和调节
	生活能力及健康习惯
	身体整体运动能力
	精细动作
语言	倾听的态度与语言理解能力
	语言表达能力
	沟通交流的态度和能力
	阅读兴趣
	阅读理解能力
	前识字、前书写能力

续表

领域	关切点
社会	自尊、自信、自主
	理解尊重他人
	建立人际关系
	解决冲突
	融入群体生活
科学	科学情感与态度
	科学能力
	科学认识
	数学应用
	数概念
	形状与空间关系
艺术	感受与欣赏的兴趣
	艺术感受与欣赏的能力
	艺术表现与创造的兴趣
	艺术表现与创造的能力

制订计划科学安排评价内容（以班级为单位），具体计划表见表4-2。

表4-2　儿童发展评价实施安排

时限	整体幼儿		个体幼儿	
	数量	操作要点	数量	操作要点
每个主题	有重点地选择1个领域观察1次	将五大领域中的25个关切点予以分散，力求将25个关切点均观察到	全班幼儿1个领域各1次	在整体幼儿观察的基础上，有目的、有重点地结合个体幼儿特点，在25个关切点中合理选择，力求该幼儿的观察全面合理
每个学期	5个领域各观察1次		全班2~3个领域各1次	
每个学年	5个领域各观察2次		全班五大领域各1次	

附：润州区实验幼儿园儿童发展观察评估表（表4-3至表4-27）

表4-3 润州区实验幼儿园儿童发展观察评估表1

（健康领域——1 情绪的辨识和调节）

班级：

评估时间：

序号	幼儿姓名	典型表现				
		星级一	星级二	星级三	星级四	星级五
1	小明	在老师的关切、提示下，开始用语言表达基本情绪 直到引起消极情绪的情境被清除或在老师较长时间的安抚下，情绪才自然平复	先做出自然情绪反应，同时主动说出自己情绪的来源，以寻求别人的安抚或帮助	能辨识、说出自己的情绪，优先用语言表达情绪，但偶尔还是控制不住用动作表达（哭、尖叫、扭动、推打） 在提醒下，能调控自己的情绪，能调控自己的情绪强度和情绪持续时间	能主动离开某个情境，以抑制自己的情绪	可更细致地用语言准确地说明自己复杂或混合的情绪 自己能将注意力放在解决引起情绪的问题上，而不是沉浸在情绪里，能有意识用适合自己的策略平复自己的情绪	

班级：　　　　　　　　　　　　　　评估时间：

表 4-4　润州区实验幼儿园儿童发展观察评估表 2

（健康领域——2　身体整体运动能力）

序号	幼儿姓名	典型表现				
		星级一	星级二	星级三	星级四	星级五
		做一般运动（平地走、慢跑、钻爬）时能保持身体平稳、肢体协调	做有一定难度的运动时，在他人帮助下能保持身体平衡、上下肢协调地完成动作，但动作较慢，独立做时跌跌撞撞、歪歪扭扭	能独立完成有一定难度的运动，不至于摔跤受伤	在地形、路况或使用的行动工具发生变化时，能调整自己的动作（姿势、力量），保持身体平衡，肢体相互配合以完成任务	在复杂运动或劳动情境中，能同时完成多项动作任务且动作准确、连贯、流畅
1	小明					

表 4-5 润州区实验幼儿园儿童发展观察评估表 3

（健康领域——3 精细动作）

班级：

评估时间：

序号	幼儿姓名	典型表现				
		星级一	星级二	星级三	星级四	星级五
		可以做手工、简单劳动、涂画、拆解组装等，可以调整手或手指的姿势和力量，但不精细，动作也不灵活，比较慢		可以灵活且精准地操作小物体、小工具，双手配合完成简单劳动、手工、画画、装配组件等		可以协调双手完成复杂、难度较高、多步骤的活动
1	小明					

班级：　　　　　　　评估时间：

表 4-6　润州区实验幼儿园儿童发展观察评估表 4

（健康领域——4　生活能力及健康习惯）

序号	幼儿姓名	典型表现				
		星级一	星级二	星级三	星级四	星级五
		认识自己的生理需求、身体各部位可能受到的影响，理解生病、受伤的概念，并在帮助、提示下可以照顾自己，控制自己不做可能危及健康和安全的事情		在偶尔的简单提醒下，能独立照顾自己，在多数情况下能自觉做有益的行为，能解释遵守具体安全规则及特定健康生活习惯的原因		知道身体健康的重要性，无需提醒能持续独立做到保护自己的身体、主动强健体质、调适自己在特定环境中的生活习惯
1	小明					

115

表 4-7 润州区实验幼儿园儿童发展观察评估表 5
（语言领域——5 倾听的态度与语言理解能力）

班级：　　　　评估时间：

序号	幼儿姓名	典型表现				
		星级一	星级二	星级三	星级四	星级五
1	小明	能听懂日常会话，并对生活中熟悉的词语和简单句子做出回应 偶然、随机地结合生活情境觉知不同语气、语调和句子所表达的基本含义，但有时会有误解	会对自己感兴趣的信息注意倾听，有时会对听懂的相关信息予以回应 能结合生活情境情感、语气，分辨不同语气、语调和句子所表达的基本含义	在群体中能主动、有意识地倾听与自己有关的信息并做出回应 能结合情境分辨不同语气、语调，语调和句子所表达的不同含义	开始有兴趣地倾听他人谈话的内容，有时还会做出一些回应 能结合谈话情境或在成人提示下理解一些含义复杂的词语和句子	能注意倾听他人谈话的内容并做出合适的回应 听不懂或有疑问时会主动提问 能结合情境逐步理解一些复杂的词语和句子

表4-8 润州区实验幼儿园儿童发展观察评估表6

（语言领域——6 语言表达能力）

班级：　　　　评估时间：

序号	幼儿姓名	典型表现				
		星级一	星级二	星级三	星级四	星级五
		听懂后愿意学着说能说出简单的短语和句子 会用大小、软硬等词语描绘事物的直观形态，并用开心、难过等表达自己的情绪 乐意跟读韵律感强的儿歌、童谣或复述熟悉的故事的片段信息	乐意学说普通话能说出简单叙述一件事情发生的时间、地点、人物 开始主动尝试用词语说明事物直观、显露的特点，但有时会用错 愿意用一些形容词和简单语句表达自己的感受和想法 喜欢朗读熟悉的儿歌、童谣或复述熟悉的故事的片段情节	说普通话时较少出现方言词汇或口音 能简单叙述一件事情的开始、发展和结局 开始运用不同同性的词汇及复合句子表达想法，或简单地描述、比较人、事、物	说话时口齿清楚，发音较准确 在成人提供的线索帮助下，开始连贯、有序地讲述一件事情，或描述人、事、物的特点和形态，并愿意表达相应的观点和想法	说话时发音准确、清晰 开始连贯、有序地讲述一件事情的起因、经过和结果 在熟悉的语言情境中，能结合不同形式的短语和句式表达观点，或描述、概括、比较人、事、物
1	小明					

表4-9 润州区实验幼儿园儿童发展观察评估表7

（语言领域——7 沟通交流的态度和能力）

班级：　　　　　　　评估时间：

序号	幼儿姓名	典型表现				
		星级一	星级二	星级三	星级四	星级五
		愿意在熟悉的人面前说话 在公共场合，能在成人的提醒下调节自己声音的大小并愿意使用文明用语 能运用词语、短句，并辅以手势、动作在特定的情境中与他人进行短暂的交流	在日常生活情境中乐意围绕感兴趣的话题与他人进行简短的交流 在公共场合中有时会主动调节自己说话声音的大小并使用文明用语	喜欢与熟悉的人谈话与交流，并根据不同场合调节自己说话声音的大小 知道别人对自己讲话时应该回应，不随意打断别人 在成人的提示下，能围绕统一个特定的话题与他人进行讨论和交流	在没有成人的提示和帮助的情况下，开始尝试与不同的人进行讨论和交流 在与别人交流时有会根据话题的内容有选择性地进行回应，不随意插话或打断别人	能根据不同场合或自己提醒下调整自己说话的内容和语气他人与自己讲话时能人积极主动地回应 懂得按次序轮流讲话，尊重对方 能根据一个话题同焦点的变化与他人进行持续的讨论和交流
1	小明					

表4-10　润州区实验幼儿园儿童发展观察评估表8

（语言领域——8　阅读兴趣）

班级：　　　　评估时间：

序号	幼儿姓名	典型表现				
		星级一	星级二	星级三	星级四	星级五
1	小明	喜欢在成人的陪伴下看图书，听故事 愿意在大人的引导下逐页翻看图书 反复看自己喜欢的图书 乐意了解或发现生活中偶然遇到的标记符号，如红绿灯等	愿意自己去翻看图书，有时会自言自语地诉说书上看到的内容 对自己生活中熟悉的标记符号感兴趣，并开始了解它们的意义	有时愿意把自己喜欢的图书讲给别人听 有时会对其他人阅读的图书内容感兴趣 对日常生活中常见的标识、符号感兴趣，并愿意了解它们的意义和用途	开始在成人、同伴的影响下关注其他内容的图书或画册，并愿意了解其中图文阅读内容的含义 在日常生活中开始主动观察、发现不同的标识、文字和符号，并乐意了解它们的意义和用途	喜欢阅读各种内容的图书。在成人的帮助下，乐意与他人讨论阅读的图画和文字内容的含义 能专注、投入地阅读图书。对日常生活中各种标识、文字符号感兴趣，并探索其不同的意义和功能

表4-11 润州区实验幼儿园儿童发展观察评估表9

（语言领域——9 阅读理解能力）

班级： 评估时间：

序号	幼儿姓名	典型表现				
		星级一	星级二	星级三	星级四	星级五
		会看着画面、标识等说出图中示意的行为动作，能理解单幅画面、标识的片段信息或情节，能理解作品中角色的基本情绪情感（如哭了、笑了），并做出反应	在成人的提示下，能理解图书中相邻画面前后页之间的简单联系和片段情节，开始联系自己的生活经验理解生活中的标识、海报等图文阅读材料的片段信息，能理解作品中角色的心理活动（如开心、孤单），并做出相应的回应	在成人的帮助下，能根据图书中的明显线索理解短文或故事的含义，能联系理解自己的生活经验理解图书、标识、海报等图文阅读材料的直观信息，并产生与阅读材料相应的情绪情感，阅读中会关注有关叙事情节发展、人物情绪情感方面的问题	在成人的帮助下，能根据图书中连续画面的关键细节和少量文字的共同线索理解短文或故事的含义，能联系理解图书、标识、海报等图文阅读材料的主要信息，并产生与阅读相应的观点和想法，阅读过程中会关注有关故事情节发展、人物心理活动、事情因果关系方面的问题	在成人的帮助下，能根据图书中连续画面的隐藏细节和少量文字的线索理解短文或故事的含义，阅读和讨论时，对故事的角色、情节、主题、或标识、海报、通知的内容等，提出自己的观点和想法，在阅读过程中能理解作品表达的较为丰富的情绪情感
1	小明					

表4-12 润州区实验幼儿园儿童发展观察评估表10

（语言领域——10 前识字、前书写能力）

班级： 评估时间：

序号	幼儿姓名	典型表现				
		星级一	星级二	星级三	星级四	星级五
		尽管不认识文字，但是知道文字不是图画	能理解图书上的文字是用来表达画面意义的	知道文字和口语的读音是一一对应的，一个字读一个音	知道汉字可以由左至右、由上到下地按顺序阅读	开始关注组成文字构造的部件，笔画等文字识别的细节
		知道口头语言能被写下来，然后用涂鸦、图画等喜欢用涂鸦、图画等涂画画的方式表达一定的意思，但意思经常会变	开始根据生活情境猜测文字的用途开始用有序的线条、图画、图案等涂涂画画的方式表达一定的意思，信息思有时会变	知道字与字之间有间隔，文字的意义是固定不变的开始根据生活情境和画面线索辨别文字的含义开始用图画、标记或近似字形表达自己的愿望和想法	经常联系生活经验，语音线索和图文线索等辨别文字的含义尝试按照一定的书写格式运用图案、标记或近似字形表达自己的愿望和想法	会和人讨论特定文字符号的写法，并主动学写自己的名字会按照特定的书写格式运用图案、符号、自创字形、近似字形、规范字形等表达自己的观点和想法
1	小明					

表4-13 润州区实验幼儿园儿童发展观察评估表11

（社会领域——11 自尊自信自主）

班级：　　　　　　　　　评估时间：

序号	幼儿姓名	典型表现					
		星级一	星级二	星级三	星级四	星级五	
1	小明	表现出对自己作为个体的意识，被称呼名字时清楚与自己的关，知道属于自己的东西 能表达自己的喜好、需求、兴趣和愿望，并做出相应选择 面对新的玩具和环境不畏缩，勇于尝试，但还要时不时向熟悉的成人确认自己对不对 有些事表现出想独立做，发现做不到时又会请成人代做 愿意接受和承担一些别人安排的小任务		知道自己有优点或擅长做的事并感到满意，别人赞扬自己所做的事时表现得开心自豪 敢于尝试有一定难度的活动和任务 能按自己的想法选择并开展活动 自己的事情尽量依自己做，不愿意依赖别人		对自己有积极看法，与他人谈论自己的需求、愿望、兴趣、能力和意愿，希望自己学得更多的本领，变得更强 与别人的看法不同时，敢于坚持自己的意见并说出理由，但也能听取别人的质疑和批评 认真对待自己的选择和决定，有一定的计划，在结果不会自己满意时会反思和调整，对自己造成的不良后果愿意加以弥补	

表 4-14　润州区实验幼儿园儿童发展观察评估表 12

（社会领域——12　建立人际关系）

班级：　　　　评估时间：

序号	幼儿姓名	典型表现				
		星级一	星级二	星级三	星级四	星级五
1	小明	幼儿把某位熟悉的成人当作安全"基地"，从那里出发去探索，并时不时地回来；把自己的需要告诉该成人或寻求帮助，但深入持续的交流较少 对同龄人及其活动感兴趣，会注视或短暂地靠近 用微笑、打招呼、拉手等礼貌方式表达自己对他人的喜爱；或者用礼貌方式回应别人发起的交往 从独自游戏到平行游戏		喜欢和小朋友一起玩，可能有偏爱的成人或同伴，愿意与他们分享信息和交流 会运用一些简单技巧与人交往或加入活动，如介绍自己、分享自己的玩具、扮演某个角色等 能与他人在活动中玩一段时间，持续地对话、交换想法、互动 从平行游戏到联合游戏		与他人为一个共同活动分工合作，分别扮演不同角色，持续互动 能与他人讨论或征求他人的想法，整合意见、决定共同活动的内容和方式 经常与朋友在一起，把朋友分享的事记在心上，和朋友友总有话题交流 合作游戏

表4-15 润州区实验幼儿园儿童发展观察评估表 13

（社会领域——13 理解尊重他人）

班级：　　　　　　评估时间：

序号	幼儿姓名	典型表现				
		星级一	星级二	星级三	星级四	星级五
		能理解和接受他人的需求、视角、情绪及与自己的差异，会自发谈论差异的方面；对他人解释的行为背后的心理状态（如他不小心的、他不知道的）表现得迷惑不解、不能理解其行为与意图可能并不一致，无法识别被骗，也不会主动去骗人；在他人问"你为什么那样做"时，常不知如何解释 即使自己当时没有某种感受，也能对他人的外显情绪表达共情，如表情调整、行为调整或安抚他人的需要、安抚他人 在他人抗议时会收敛自己的行为，他人不允许做某事时不会再有意地反着来 会观察他人的表情、行为、语气等，来猜测他人的喜好、情绪、感知到的东西		意识到他人情绪和行为的背后有其想法或是出于无知，明白他人对某事物的认识可能与自己不一样，会猜测他人的想法去询问（如"你怎么知道的？""您知道吗？"） 能解释喜欢或爱的含义，不再把他人对自己的喜欢或爱视为理所当然、关注他人喜欢自己的理由 会接受他人对不符合自己期待的行为（如不帮忙，没跟他一起玩）给出的理由，原谅他人 开始能区分"以为的"和"事实上"，用事实来修正自己对他人先前的片面看法		能通过情境和过去的经验、推测他人对当前事物可能存在的理解和感受 能够认同每个人的需求，能根据他人的喜好和需求对自己的行为进行必要的调整 开始主动迎合必要的"礼貌"要求，从而掩饰自己真实的想法（如即使不喜欢他人送的礼物，也说喜欢；即便自己心里很难受，却装得若无其事）
1	小明					

124

表 4-16 润州区实验幼儿园儿童发展观察评估表 14

（社会领域——14 解决冲突）

班级： 评估时间：

序号	幼儿姓名	典型表现				
		星级一	星级二	星级三	星级四	星级五
		采用回避、哭、打或者咬的方式应对冲突 在解决与同伴的冲突时，寻求成人的帮助（告状）		在成人的支持下表达自己的需求，并倾听他人的需求，提出解决问题的办法或者同意某个解决问题的办法 主要从自己的角度出发提出解决问题的办法		能在没有成人支持的情况下和同伴商量解决冲突的办法，能考虑和平衡自己和他人的需求和意见 能帮助同伴解决遇到的冲突
1	小明					

125

表4-17 润州区实验幼儿园儿童发展观察评估表15

（社会领域——15 融入群体生活）

班级： 评估时间：

序号	幼儿姓名	典型表现				
		星级一	星级二	星级三	星级四	星级五
1	小明	知道与自己朝夕相处的家庭成员到底是家庭成员与自己的关系，逐渐体会到自己是家庭的一员，也是班级或小组的一员 愿意来幼儿园和大家一起活动 在提醒下，能遵守班级例行常规和游戏规则		主动参加班级活动，愿意在班级中承担某角色的任务 团体成员发生变化时，如换老师、有新生插班，能够逐渐适应变化 意识到可以通过大家一起协商"规则"来解决班级中的共同问题，能自觉遵守协商约定的规则，使自己与他人相协调		逐步体验更大范围内的不同团体，职业、地区（家乡）、民族、祖国，地球等，比较和谈论自己相似与不同，对自己不同群体成员生活方式的相似与不同，有归属感，珍爱共同家园，也接纳其他群体成员与自己的不同，对多样性有积极态度 与班级成员一起设定某全班活动的目标，并承担自己的分工，主动做贡献，为集体目标的达成而自豪 进入一个新团体时，主动去了解规则和惯例 能够在一日生活中灵活运用规则，发现其不合理之处能够加以改进

表 4-18　润州区实验幼儿园儿童发展观察评估表 16

（科学领域——16　科学情感与态度）

班级：

评估时间：

序号	幼儿姓名	典型表现				
		星级一	星级二	星级三	星级四	星级五
1	小明	喜欢接触大自然；经常问各种问题；好奇地摆弄物品		提出和新事物有关的各种科学问题；动手动脑探索物体和材料		对感兴趣的问题会刨根问底；愿意自己动手动脑寻找问题的答案

表 4-19　润州区实验幼儿园儿童发展观察评估表 17

（科学领域——17　科学能力）

班级：

评估时间：

序号	幼儿姓名	典型表现				
		星级一	星级二	星级三	星级四	星级五
1	小明	能用多种感官观察物体；能用动作探索物体；能用语言描述发现		能进行比较观察；能通过简单的调查收集信息；能用图画记录自己的发现		能进行细致的观察，比较和分析；能根据已有经验猜测问题的答案并验证；能制订简单的调查计划并执行；能客观记录并表达科学发现；探究中能与他人进行合作与交流

表4-20 润州区实验幼儿园儿童发展观察评估表18

（科学领域——18 科学认识）

班级：　　　　　评估时间：

序号	幼儿姓名	典型表现				
		星级一	星级二	星级三	星级四	星级五
		认识事物明显的外在特征	关注并发现生活中的数量和形状关系	认识到事物之间明显的、外在的联系或关系；发现身边简单的科学现象变化		发现事物之间间接、内在的联系，在具体经验的基础上形成一定的概括性认识；迁移、应用已有经验形成自己对科学现象的合理解释
1	小明					

表4-21 润州区实验幼儿园儿童发展观察评估表19

（科学领域——19 数学应用）

班级：　　　　　评估时间：

序号	幼儿姓名	典型表现				
		星级一	星级二	星级三	星级四	星级五
		关注生活中的数量和形状	关注并发现生活中的数量和形状关系	在提醒下尝试运用数学的方法解决生活中的问题	主动运用数学的方法解决生活中的问题	主动运用数学的方法解决生活中的问题，并能说明二者的内在关联
1	小明					

表 4-22 润州区实验幼儿园儿童发展观察评估表 20
（科学领域——20 数概念）

班级： 评估时间：

序号	幼儿姓名	典型表现				
		星级一	星级二	星级三	星级四	星级五
		会口头数数（10 以内），点数物体数量（5 以内）；理解数的含义，多、少、一样多；能通过一一对应进行数量比较	能较快地进行点数（10 以内）和数量比较（5 以内）	能熟练数数，准确点数物体数量（10 以内）并理解相邻两数的数量关系；通过数数比较两组物体的多少（10 以内）	尝试借助数序进行数量多少的比较和加减运算	能用接数或数的组成等方法快速计数（10 以内）；基于对数序的理解进行数的大小比较（10 以内）；理解并能用自己的方法进行加减运算（10 以内）
1	小明					

表4-23 润州区实验幼儿园儿童发展观察评估表21
（科学领域——21 形状与空间关系）

班级：　　　　评估时间：

序号	幼儿姓名	典型表现					
		星级一	星级二	星级三	星级四	星级五	
		能注意到物体较明显的形状特征和空间关系，并能用自己的语言描述	能注意到常见平面图形形状特征的异同；尝试探索并发现图形的组合关系	认识常见平面图形的基本特征、识别常见图形的变式；探索图形之间的空间关系，能对图形进行组合分解	通过探索理解图形之间的空间对空间关系的理解；能基于图形关系进行图形分合；基于操作经验理解空间方位关系的表征	理解图形之间（含平面图形与立体图形之间）的空间关系；能用组合替换的方法进行图形分合；基于操作经验理解、翻转等空间关系；能用自己的方式表征空间关系	
1	小明						

表 4-24　润州区实验幼儿园儿童发展观察评估表 22
（艺术领域——22　感受与欣赏的兴趣）

班级：

评估时间：

序号	幼儿姓名	典型表现				
		星级一	星级二	星级三	星级四	星级五
1	小明	常常被自然界或生活中美的事物吸引，也愿意在成人的带领下观看着艺术作品		发现自然界与生活中有自己喜欢的事物或艺术作品时有情绪表现		有意识地寻找、发现自然界和生活中美的事物，并愿意跟他人交流事物的美及自己的感受

表 4-25　润州区实验幼儿园儿童发展观察评估表 23
（艺术领域——23　艺术感受与欣赏的能力）

班级：

评估时间：

序号	幼儿姓名	典型表现				
		星级一	星级二	星级三	星级四	星级五
1	小明	乐于在成人带领下欣赏各种艺术作品，听什么、看什么，也不太注意其中艺术元素		能感受到显著的艺术元素（如节奏、色彩），能将作品与生活经验相联系，用语言、动作等方式表达自己感知与想象		艺术欣赏时更细致地关注作品的艺术元素，并用表情、动作、语言等方式表达自己的理解，想象与感受，能说明自己喜欢的理由

表 4-26 润州区实验幼儿园儿童发展观察评估表 24

（艺术领域——24 艺术表现与创造兴趣）

班级：　　　　　　　　　　　　　　评估时间：

序号	幼儿姓名	典型表现				
		星级一	星级二	星级三	星级四	星级五
		经常地涂涂画画、唱唱跳跳，并乐在其中		有目的地用各种艺术的工具材料及不同形式要素表现自己的所见所想		为达到自己想要的艺术效果，不断地探索各种艺术的工具材料及不同形式要素的表现力
1	小明					

表 4-27 润州区实验幼儿园儿童发展观察评估表 25

（艺术领域——25 艺术表现与创造能力）

班级：　　　　　　　　　　　　　　评估时间：

序号	幼儿姓名	典型表现				
		星级一	星级二	星级三	星级四	星级五
		随意地涂涂画画、唱唱跳跳，艺术表现主题不明确		有明确的内容构思，并尝试用各种艺术元素和媒介材料来表现		能探索将媒介材料和艺术元素相结合，以更好地表现自己的所思、所想、所感
1	小明					

附：润州区实验幼儿园（中海园区）小班发展测评结果分析

 幼儿发展测评结果分析

时间：2023 年 6 月

班级：小二班

幼儿的发展是整体的、全面的，幼儿的身心发展特点和学习特点决定了幼儿教育必须是整体性的教育。我们的教育目标在于促进幼儿德、智、体、美、劳的全面发展。因此，我们需要定期对幼儿进行发展水平评价，为幼儿建立客观、丰富的个体发展档案，以便调整教育内容、优化教育行为，推动幼儿全面、和谐地发展。

结合《指南》五大领域发展目标，通过日常观察、谈话、活动评价、情景测验、活动操作、作品分析等方面，就《儿童发展观察评估指引》中各项发展关切点的内容，对本班幼儿做出如下分析：本班共有 31 人，其中达到星级一的是 100%，达到星级二的是 96%。

一、健康领域

在健康领域，主要从 4 个方面观察孩子，分别是情绪的辨识和调节、身体整体运动能力、精细动作、生活能力及健康习惯。

（1）情绪的辨识和调节

根据对全班孩子的测评结果，95% 的幼儿在被抢走玩具或得不到玩具分享时会做出自然情绪反应，如生气、沮丧或者直接告诉教师寻求帮助。同时，他们会主动说出自己情绪的来源，以寻求别人的安抚或帮助。5% 的幼儿会有自然情绪反应，但是对于情绪来源的表述较为模糊。

（2）身体整体运动能力

在有一定难度的运动（如轮胎障碍道、梯子平衡）中，92% 的孩子能在教师或同伴的帮助下保持身体平衡、上下肢与身体协调，不过动作较慢（见图 4-2）。如果让其独立完成动作，难度较大。

（3）精细动作

在测评中我们发现，大部分孩子可以自己动手做手工，如剪简单的线条，其中62%的孩子能做到边线基本吻合，38%的孩子剪的线条不整齐。简单劳动、涂画、拆解组装等动作孩子们基本能完成，但需要调整手或手指的姿势和力量，动作不精细，也不灵活。另外，在自理能力方面，孩子们穿脱衣服鞋袜（部分需帮助）动作比较慢。

（4）生活能力及健康习惯

93%的孩子对如厕、口渴饮水等自己的生理需求，以及身体各部位受伤或产生不适的影响时能自己主动去解决或及时告知教师；有生病、受伤的概念，在帮助、提示下可以照顾自己，控制自己不做可能危及健康和安全的行为。不过7%的幼儿在增添或者减少衣服等方面的自我服务意识还不强。

图4-2　小朋友在玩梅花桩平衡游戏

二、语言领域

在语言领域，主要从6个方面观察分析孩子，分别是倾听的态度与语言理解能力、语言表达能力、沟通交流的态度和能力、阅读兴趣、阅读理解能力、前识字及前书写能力。

（1）倾听的态度与语言理解能力

在活动中，98%的孩子会对自己感兴趣的信息注意倾听，有时会对听懂的相关信息予以回应；能结合生活情境感知、分辨不同语气、语调和句子所表达的基本含义。

（2）语言表达能力

孩子们都能用普通话进行交流，并乐意学说普通话。92%的孩子能简单叙述一件事情发生的时间、地点、人物。在描述事物时，孩子们开始主动尝试用词语说明事物直观、外显的特点，但有时会用错。97%的孩子愿意用一些形容词和简单句表达自己的感受和想法，并且愿意进行自我介绍。99%的孩子喜欢朗读熟悉的儿歌、童谣，或复述故事的精彩片段。

（3）沟通交流的态度和能力

在日常生活情境中乐意围绕感兴趣的话题与他人进行简短的交流。在公共场合中有时会主动调节自己说话声音的大小并使用文明用语。

（4）阅读兴趣

在区域游戏或自由活动期间，经老师提示，所有孩子都能降低自己的音量。自由阅读时，经老师提示，所有孩子都能够用较小的声音、较轻的动作和身边的同伴交流。87%的孩子愿意自己翻看图书，有时会自言自语地诉说书上看到的内容。93%的孩子对自己生活中熟悉的标记符号感兴趣，并积极探索它们的意义。

（5）阅读理解能力

在语言活动中，95%的孩子能理解图书中相邻画面前后页之间的简单联系和片段情节，在教师提问时会给出对应的答案；开始联系自己的生活经验理解生活中的标识、海报等图文阅读材料的片段信息；能理解作品中角色的心理活动（如开心、孤单），并做出回应。

（6）前识字及前书写能力

82%的幼儿能理解图书上的文字是用来表达画面意义的。如看完《用什么做的呀》的故事，孩子们会猜旁边的字大概描述的是图中的什么事情。30%的孩子开始根据生活情境猜测文字的用途。82%的孩子开始用有序的线条、图画、图案等涂涂画画的方式表达一定的意思，但意思有时会变。

三、科学领域

在科学领域，主要从6个方面观察分析孩子，分别是科学情感与态度、科学能力、科学认识、数学应用、数概念、形状与空间关系。

（1）科学情感与态度

全班幼儿都喜欢接触大自然，其中86%的幼儿还经常问各种问题。他们还会好奇地探索周围物品，例如对影子的形成产生疑问。

（2）科学能力

孩子们喜欢玩各种科学类游戏，能用多种感官观察物体，91%的幼儿能用动作探索物体，95%的幼儿能用语言描述发现，能够用不同的动作探索影子的变化（动作层面上）。

（3）科学认识

能够认识事物明显的外在特征。如：95%的幼儿在观察小蚂蚁的外形特征时，能观察出蚂蚁是小小的、黑黑的、有触角的等；85%的幼儿能通过衣物的增减感受季节的变化，知道典型的季节特征，如冬天会下雪。

（4）数学应用

孩子们能从生活中认识到数量和形状的关系，能观察到生活中有很多圆形，如饼干、钟表、轮胎等。

（5）数概念

发餐盘时，孩子们都能用对应的方法，一个小朋友发一个盘子。98%的幼儿会口头数数（10以内）、点数物体数量（5以内）；90%的幼儿能理解多、少、一样多的含义，并能通过一一对应进行数量比较。

（6）形状与空间关系

79%的幼儿能注意物体较明显的形状特征和空间关系，并能用自己的语言描述。99%的幼儿能够正确识别圆形、正方形、三角形等基本平面图形，如知道三角形有三条边、三个角，但是不承认钝角三角形也是三角形。

四、社会领域

在社会领域，主要从5个方面观察分析孩子，分别是自尊自信自主、建立人际关系、理解尊重他人、解决冲突、融入群体生活。

（1）自尊自信自主

85%的孩子从意识不到自己的意愿、情绪和想法到逐渐清晰地意识到自己的意愿、情绪和想法，表现出对自己作为个体的意识，被称呼名字时清楚与自己有关，知道属于自己的东西。所有孩子都能表达自己的喜好、需求、兴趣和愿望，并做出相应选择。45%的幼儿面对新的玩具和环境不畏缩、勇于尝试，但还要时不时向熟悉的成人确认自己是否正确。有些幼儿表现出想独立做，发现做不到时又会请成人代做；愿意接受和承担一些别人安排的小任务。

（2）建立人际关系

92%的幼儿交往范围从家人扩展到班级的老师，这些幼儿把老师当作安全"基地"，从这个安全"基地"出发去探索，并时不时地返回，把自己的需求告诉该成人或寻求帮助，但深入持续的交流较少。98%的幼儿对同龄人及其活动感兴趣，会注视或短暂地靠近；通过微笑、打招呼、拉手等礼貌方式表达对他人的喜爱，或者用礼貌方式回应别人发起的交往。94%的幼儿从独自游戏到与同伴合作游戏。

（3）理解尊重他人

76%的幼儿能理解和接受别人的需求、视角和情绪与自己有差异，会自发谈论差异的方面。24%的幼儿对别人解释的行为背后的心理状态（如他不小心的、他不知道）表现得迷惑不解，不能理解行为与意图可能并不一致，无法识别被骗，也不会想去骗人；在别人问"你为什么那样做"时，常不知怎么解释。大部分幼儿即使自己当时没有某种感受，也能对他人的外显情绪表达共情，如表情调整、行为调整或满足他人的需要、安抚他人。在别人抗议时，会收敛自己的行为；别人不允许做某事时，不会有意地反着来。会观察别人的表情、行为、语气等，来猜测别人的喜好、情绪、感知到的东西。

（4）解决冲突

班级中有8%的幼儿会采用回避、哭、打或者咬的方式应对冲突。而92%的幼儿在解决与同伴的冲突时会寻求成人的帮助（告状）。

（5）融入群体生活

基本上全体幼儿都知道与自己朝夕相处的家庭成员或班级成员与

自己的关系，逐渐体会到自己是家庭的一员，也是班级或小组的一员。孩子们都很愿意来幼儿园和大家一起活动（见图4-3）。99%的幼儿在教师提醒下能遵守班级例行常规和游戏规则。

图4-3　小朋友在建构室做游戏

五、艺术领域

在艺术领域中，主要从4个方面观察分析孩子，分别是感受与欣赏的兴趣、艺术感受与欣赏的能力、艺术表现与创造兴趣、艺术表现与创造能力。

（1）感受与欣赏的兴趣

83%的幼儿常常被自然界或生活中美的事物吸引，也愿意在成人的带领下观看或倾听艺术作品。例如，老师把树叶送给果果，问道："你喜欢这片树叶吗？"果果说："喜欢，上面有好多颜色。"

（2）艺术感受与欣赏的能力

95%的幼儿乐于在教师带领下欣赏各种艺术作品，但不能说明喜欢看什么、听什么，也不太注意其艺术元素。

（3）艺术表现与创造兴趣

96%的幼儿经常涂涂画画、唱唱跳跳，并乐在其中（见图4-4）。99%的孩子在班级美术区能用油画棒画很多线条。

（4）艺术表现与创造能力

95%的幼儿对艺术表现主题不明确，在听到收玩具音乐时能随机摆出各种姿势边唱边跳。

图 4-4　小朋友随意涂鸦

六、改进措施

（1）健康方面

教师要树立正确的健康观念，在重视幼儿身体健康的同时，更要高度重视幼儿的心理健康。教师既要高度注重和满足幼儿被保护、被照顾的需要，又要尊重和满足他们不断增长的独立要求，避免过度保护和包办代替，鼓励并指导幼儿自理、自立的尝试。特别是在生活活动方面，需要加大教育力度，如开展"自理能力大比拼"等活动，争取让孩子独立完成穿脱衣物和鞋袜。

（2）语言方面

创设一个能使幼儿想说、敢说、喜欢说、有机会说并能得到积极应答的环境。在丰富多彩的活动中扩展幼儿的经验，提供促进语言发展的条件。要注重个别交流、幼儿之间的自由交谈等。在一日活动中渗透语言活动，让幼儿敢于开口说话，能主动和人交流。对于不喜欢交流的幼儿，在分享活动中可以多给他们提供机会，让他们分享自己的所见和成果。

（3）社会方面

幼儿社会态度和社会情感的培养应渗透到多种活动和一日生活的各个环节之中，要创设一个能使幼儿感受到接纳、关爱和支持的良好环境，避免刻板、单调的言语说教。为幼儿提供人际相互交往和共同活动的机会和条件，并加以指导。特别是对于那些性格比较敏感、容易因同伴之间的交流而产生负面情绪的孩子，老师需要及时给予其正确的思想引导，可以开设"我的情绪小角落"，为幼儿提供一个说心里话的空间。

（4）科学方面

努力激发幼儿对知识的兴趣和探索欲望。尽量创造条件让幼儿实际参与科学探究活动，使他们体验科学探究的过程和方法，并从中感受发现的乐趣。在学习方面，要注重把知识运用到生活中。如针对在大小、长短等概念上分不清的孩子，可以在益智区投放比长短、比大小等益智玩具，供他们玩游戏。

（5）艺术方面

艺术是实施美育的主要途径，应充分发挥其在情感教育中的重要作用，以此促进幼儿健全人格的形成。在此过程中，要避免重视表现技能或艺术活动的结果而忽视幼儿在活动过程中的情感体验和态度的形成。支持幼儿富有个性和创造的表达，克服过分强调技能技巧和标准化要求的偏向。多让孩子参加绘画和手工操作活动，当孩子们欣赏美术作品不知道如何做出评价时，可以采用比较法，提供类似的作品，让幼儿找出不同，并说出自己喜欢或者不喜欢的原因。

（二）幼儿的学习故事

故事性评价 我们借鉴新西兰广泛使用的一种叙事性评价方式，用叙事的形式对幼儿的学习和发展进行评价。故事性评价主要分成三个部分：① 注意（对故事的描述）——主要描述儿童的实际行为及情景，回答"是什么"的问题。② 识别（对故事的解释）——主要分析该情境中幼儿"什么样的学习有可能发生"，回答"为什么"的问题。③ 回应（下一步的计划）——是教师计划"如何支持幼儿在这方面的学习"，回答"怎么办"的问题，可以是环境的创设，可以是材料的支持，提供进一步的机会和可能性。与传统的评价方式相比，"学习故事"是一种叙事性评价方式，也是一种观察与解读幼儿学习行为的方法。它既是一种评价手段，更是一种与《指南》精神高度一致的理念。其突出特点是"让幼儿的学习过程看得见",教师记录下幼儿在学习过程中真实发生的事件,倾听幼儿的心声,然后与幼儿、其他教师和家长分享,从而能够从不同的视角解读和评价幼儿的学习。这种方法有助于提高教师的评价能力,更好地促进幼儿的学习与发展。

如大一班在开展阅历课程"永远永远爱你"主题下区域活动的一个场景。

建构区游戏"恐龙家园"观察案例

班级:大一班

观察时间:9:00—10:00

观察对象:柠檬、涵涵

观察者:钱玉溢

观察地点:建构区

观察目的:结合自己以往的一则建构游戏观察记录,对观察到的幼儿游戏类型、建构经验(技能、兴趣、常规)、建构特点进行分析,并提出有针对性的指导策略。能够利用主题投放的辅助材料进行立体空间方位搭建。

观察目标:

1. 探究在建构活动中幼儿是否具备一定的合作意识和持久性,能否顺利完成作品。

2. 审视幼儿能否发挥创意,根据主题的推进搭建相关建筑,并和同伴进行适当的装饰。

案例背景:

区域活动开始后,孩子们纷纷选择了自己喜欢的区域游戏,建构区依然是孩子们的最爱。柠檬和涵涵来到建构区讨论着自己喜欢的恐龙,柠檬还带来了一个恐龙模型,她们商量着一起来搭建恐龙家园。于是,一项搭建恐龙家园的建设工程开始了……

案例描述:

来到建构区的柠檬和涵涵准备搭建恐龙,柠檬问:"我们搭建哪种恐龙呢?"涵涵说:"我喜欢霸王龙。"柠檬说:"我也是,那我们一起合作搭个霸王龙吧。"她们翻出磁力片搭建恐龙,并照着图示进行分工，涵涵搭腿和身体，柠檬搭头和尾巴。柠檬按照图示先把需要的磁力片一一找出，按照步骤搭的时候却发现搭好的磁力片容易倒，有的磁力片吸不住，调整了几次都不行。于是我主动问她遇到了什么困难。她说有两个磁力片总是吸不起来，我发现是磁铁没有对准，导致磁力片吸得不是很牢固，就容易倒。于是我提醒她注意看磁力片的磁力部分，要把它对准，她将手中的磁力片进行了调整，发现真的吸住了，转头兴奋地和涵涵分享（见图4-5、图4-6）。

图4-5　教师指导柠檬搭建磁力片

图4-6　柠檬与涵涵分享搭建成果

这时的涵涵正在搭恐龙身体，涵涵说："老师，我的恐龙怎么搭都搭不起来，这是为什么呀?"我拿起她的恐龙仔细研究了一番，告诉她："恐龙的腿搭得太粗了，你可以请教一下柠檬。"涵涵听后去找柠檬，柠檬拿起图示，对照涵涵搭建的恐龙找到了问题并说道："涵涵你看图，这里多出了两块磁力片，应该是这个三角形，你用那个三角形腿就不对了，变得粗大了。"于是涵涵知道了自己的问题在哪里，自己进行了调整，解决了问题，最后顺利完成搭建任务（见图4-7、图4-8）。

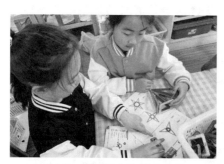

图4-7　看图纸商议搭建步骤

图4-8　完成磁力片搭建（恐龙）

搭好的恐龙放在哪里呢？这时候柠檬说道："我们再给它们搭个家吧！"于是柠檬和涵涵合作用积木搭了一座房子，并告诉我这是恐龙休息的地方，还有恐龙喝水、玩耍的地方。为了引导延伸这个设计，我说："这个想法好啊，恐龙散步的时候还能去池塘边走走看看呢！"这句话引起了她们的讨论。涵涵说："我们去公园散步的时候里面有树还有花，可是我们的恐龙家园什么都没有，恐龙会不会不开心呀？"柠檬站在那思考着，然后对涵涵说："那我们再放一些树木、花草吧！"说着又用雪花片搭建了小花，摆放了辅助材料树木。涵涵还在门口放了一个警察人偶，并说："这样，我们的恐龙就更安全了！"她们哈哈地笑了起来。就这样，她们搭建的恐龙家园完成啦！活动结束后，孩子们对材料进行了整理（见图4-9、图4-10）。

图4-9 搭建恐龙家园

图4-10 装饰恐龙家园

教师分析：《指南》指出，5~6岁的幼儿在活动时能与同伴分工合作，遇到困难能一起克服，知道别人的想法和自己不一样时能倾听和接受别人的意见。大班幼儿乐意参加建构活动，学会查看示意图，能在观察和感受的基础上搭建出恐龙的特征。在搭建过程中能与同伴协商，合作完成。通过实践运用比例等相关概念，有效促进了其空间知觉的发展。能在自主观察图示的基础上发现自己的问题并加以解决，展现出一定的探索精神。会根据恐龙家园的主题需要，创造性地选择和添加辅助材料，不断丰富搭建主题。在活动结束后，能根据积木标识对建构材料进行分类整理。

策略跟进：

1. 主动询问，引导幼儿说出想法。引导柠檬把自己的想法和遇到的困难表述出来，及时与她对话，让她感受到自己是受到老师关注的。

2. 打印图示，提供信息支持。图示可使恐龙造型从抽象到直观，便于幼儿发现其特征，找到搭建方法，从而使幼儿在积累经验的基础上提高了自信心，获得了满足感。

3. 引导同伴给予帮助，向同伴学习经验。对于涵涵遇到的问题，我采取的策略是引导她向同伴寻求帮助。她们通过尝试用适合的材料和方法搭建，在实践中体会到成功，树立起自信。在与同伴的互动中，幼儿会自主发展出发现问题、解决问题的能力。

4. 通过语言引导，让幼儿联系生活实际、结合自己的生活经验，丰富搭建恐龙家园的情节。在搭建过程中，孩子们通过分工合作、共同构建，增强了合作意识和搭建能力。

（三）《我的成长足迹》手册

原来的《幼儿成长纪念册》存在评价主体、形式、手段单一，以及重结果轻过程的问题。我们借鉴美国盖伊·格朗伦、贝夫·英吉儿的聚焦式成长档案，自主研发园本化的幼儿成长档案《我的成长足迹》。这款档案注重将观察和评估纳入日常过程，其中多以照片、幼儿作品、轶事记录等形式展现，减少长篇文字的使用，让家长看到自家孩子的故事，同时也减少一些共性内容，凸显个体化与个性化。档案内容划分为阅读、运动、生活、游戏、学习五大板块，每个板块均采用孩子们喜欢的印章积分卡进行计分。这些印章来自孩子们熟悉的绘本故事，并由本班孩子根据故事自行绘制，随后教师将其扫描制作成印章。学期末，以此积分作为给孩子们发放奖状的依据。该档案清楚地勾勒出幼儿的发展轨迹及其取得的成就，为家庭保留了一份生动翔实的幼儿成长记录，同时也可帮助教师、家长对幼儿的发展过程进行动态、适宜的纵向评价。

《我的成长足迹》—— 一本为孩子写的"书"

在润州区实验幼儿园里，有一群写书的老师，他们倾注爱与真心，书写着关于孩子的故事。

这本书的名字叫作《我的成长足迹》。

在这本书里，润州区实验幼儿园的每一位孩子都是自己书中的主角。

在这本书里，不仅有一学期的生活见证和记录，还有与之产生共鸣的情感延续。

在这本书里，一个个独特的孩子跃然纸上。

聚焦式幼儿评价手册《我的成长足迹》编写清单见表4-28。

表4-28 聚焦式幼儿评价手册《我的成长足迹》编写清单

序号	内容		完成数量	完成人
1	封面（个性化亲自制作）		小、中、大年龄段幼儿各1份	亲子
2	引言、卷首语：制作成长足迹的理念（园所统一）			教师
3	目录（年龄段、每个主题的目录）（年级组统一）			年级组长
4	自我介绍（班级介绍、个人介绍）			班主任+家长
5	实验活动"月历"表		每月1份	年级组可统一
6	生本	项目活动内容	2份（小班第一学期和大班第二学期不做）	教师+家长
	班本	项目活动内容	1份	教师+家长
	级本	项目活动内容	1份	教师+家长
	园本	项目活动内容	1份	教师+家长
	园区	项目活动内容	1份	教师+家长

续表

序号			内容	完成数量	完成人
7	五大活动板块	阅读	每周的图书漂流打卡记录	1份（每学期10次漂流记录）	教师
			每学期必读书目（统计表）	1份	各班教师
			班级区域阅读打卡或记录表等	4份	各班教师
			亲子阅读视频制作（二维码呈现）	1份	亲子
			绘本剧	1份	教师+家长
			我是小小播报员（在班级里讲故事的照片+二维码）	1份	各班教师
		生活	爱劳动（园内或家庭）	1份	教师+家长
			自理比赛（园级或班级）	1份	教师+家长
			爱公益活动	1份	教师+家长
			我是小小升旗手	1份（大班）	教师+家长
		游戏	自然角观察记录	2份	教师+幼儿
			区域游戏观察记录表和照片	重点观察1名幼儿+观察记录（最少4张照片）	教师（重点做）
			幼儿操作记录表	4份（中班、大班）	教师
			幼儿成品图（建构区设计图、搭建图）	2份（每学期）	教师
			幼儿游戏日记	8份（小班第一学期不做）	教师
			教师一对一倾听	4份（每学期）	教师

续表

序号		内容		完成数量	完成人
7	五大活动板块	运动	幼儿园户外活动照片	4份	教师+家长
			幼儿户外运动游戏日记	4份（小班第一学期不做）	幼儿
			户外运动观察记录表和照片	重点观察1名幼儿＋观察记录（最少4张照片）	教师（重点做）
		学习	主题活动（主题计划表+思维导图）	6份（每学期）	教师
			主题活动（调查表）	若干	教师+家长
			节日主题活动	2份（每学期）	教师
			社会实践活动	1份（每学期）	教师
			自主签到（照片或签到本）	1份	教师
			幼儿美术作品	不低于4幅，其中2幅有教师作品分析	教师＋幼儿（重点做）
8	积分卡			1份（每学期每个幼儿1份）	教师
9	评价（奖状评选标准+每个主题评价表）			小、中、大年龄段幼儿各1份	教师
10	学期小结			1份	教师
11	幼儿奖状			1份	教师

（四）幼儿发展评价的原则

根据幼儿发展评价的特点，在开展评价工作时应坚持以下原则：

① 目的性原则：评价者不能为评价而评价，要有明确的目的，知道评价的目的是了解幼儿的发展需要，促进幼儿健康成长，切实为幼儿的发展服务。

② 客观性原则：评价者不能凭主观意愿或个人的好恶随心所欲地对幼儿的发展进行判断。要采取实事求是的态度，依据客观标准对幼儿进行科学评价，保证评价结果真实、有效。

③ 全面性原则：评价者不能只重视对发展的个别方面进行评价，也不能只运用一种方法搜集评价信息从而形成片面的价值判断。要通过多种途径，广泛收集有关信息，对幼儿身心各方面的发展情况进行全面的价值判断，保证评价工作的全面性。

④ 差异性原则：评价者要充分挖掘每个孩子的潜能，让每个孩子都有"发光"的机会，都有被激励、被赏识和获得成功的权利，从而让孩子体会到成功的喜悦，感受到自身的价值，进而促进孩子的全面发展和身心健康。

⑤ 静态评价与动态评价相结合原则：静态评价是按照评价标准对幼儿已经达到的发展水平进行判断，考查幼儿在某一特定时间或阶段内发展的现实状况。动态评价则是对幼儿发展变化状态的分析与判断，考查幼儿当前的发展较之过去的进步情况，以及今后的发展潜力和趋势。评价者不仅要根据评价标准对每个幼儿在各方面的发展情况进行判断，更要认真地分析幼儿在每一发展领域取得的明显进步，努力使二者相互结合，做到取长补短，优势互补。

（五）幼儿发展评价的组织与管理

为了通过评价活动实现促进幼儿全面发展及提高幼儿园保教质量的目标，我园将此项工作纳入幼儿园整体工作计划之中，并有效加强幼儿发展评价的组织与管理。

第一，充分做好评价工作的准备工作。认真选择评价体系《儿童发展观察评估指引》，努力做到评价体系的科学性和合理性。价值取向既要符合《幼儿园工作规程》《纲要》《指南》的基本精神和幼儿教育的培养目标，又要体现尊重幼儿发展的个体差异的理念，还要重视幼儿发展的综合素质。

第二，扎实做好教师的培训工作。开展相关教研活动，促使教师对幼儿发展的规律及特点有全面、清晰的认识。

第三，认真组织学习评价体系。全面掌握评价体系的核心思想，理解和熟悉评价体系、评价标准等，帮助教师树立正确的评价观，明确评价的目的。认真组织学习和掌握搜集评价信息的方法，并掌握每一种方法的适用范围。帮助教师进行实际方法的训练，掌握每一种方法的操作程序。能对搜集到的信息和资料进行分析和概括，并在此基础上对幼儿的发展做出价值判断。同时，根据本班幼儿的发展情况改善和调整自己的教育工作等。

第四，认真准备评价的工具和材料。如制作、搜集必要的测查工具，如搜集信息所需要的观察表格、访谈提纲、问卷调查表等，以确保评价工作的进度和搜集评价信息的真实性。

幼儿发展评价方法见表4-29。

表4-29　幼儿发展评价方法

评价方法	操作要点	评价者
观察记录分析	教师搜集大量通过自然观察所获得的真实资料，为反映幼儿发展状况提供丰富的事实依据。用叙事的形式对儿童学习和发展进行评价。观察记录可以采用文字描述的形式，也可以采用表格形式	教师
调查与访谈	根据需要设计问卷，了解幼儿在园内和园外的生活经验和学习经验，广泛搜集幼儿发展的信息。问卷调查的对象可以是保教人员和家长等，也可以直接询问幼儿，由成人填写。教师在日常生活中要提供时间、创造机会让幼儿表达自己的感受和经验，教师要注意倾听并从中获得幼儿的真实想法。还要经常与其他工作人员和家长进行交流，以便更全面、准确地了解幼儿的发展，如一对一倾听记录表、新生入园调查表、家访记录等	教师

评价方法	操作要点	评价者
体质测试	借助每学期1~2次的保健测查活动,对幼儿进行定期的体质测定,了解幼儿体质发展的现状及变化趋势,分析影响幼儿体质强弱的因素,如幼儿体检表	保健教师
评语记录	全面性与个别化的评价。评价的过程可以体现教师对幼儿的个别化关注和指导,更有助于教师了解孩子发展的全面性。表现形式为文字评价与符号评价相结合,如幼儿日记、幼儿自我评价记录表等	教师
环境评价	教师根据培养目标,创设相适应的评价环境,借助环境的暗示作用,通过自评、他评,对幼儿进行激励教育。可结合"润州区幼儿园保教质量评估量表"中的"室内外学习环境"块面进行评价	教师、幼儿
半日活动评价	借助半日活动观摩、集体活动观摩,关注并评价幼儿发展情况,如"润州区幼儿园保教质量评估量表""教学活动评价表"等	幼儿园考核小组
幼儿成长档案评估	这是一种综合性的评价,它融过程与结果为一体,兼容了多种具体评价方法;它把观察和评估纳入日常过程中,档案里多以照片、幼儿作品、轶事记录等形式进行记录。档案内容分为阅读、运动、生活、游戏、学习五大版块的专门设计;学期末以此积分作为孩子们奖状发放的依据。档案清楚地勾勒出幼儿的发展轨迹,帮助教师、家长对幼儿发展过程进行动态、适宜的纵向评价	教师、幼儿、家长
观摩评价	借助园内大活动,组织家长进行观摩,了解孩子的个性发展,并进行互动交流或文本反馈,如预约式家长开放日活动、庆"六一"活动、幼儿美术作品展、幼儿毕业会演、幼儿童话剧展示等	家长

在幼儿园管理工作中,将幼儿发展评价工作与教师工作相联系,并纳入对教师工作的考核中。一是看教师能否认真、严肃地开展幼儿发展评价工作,是否通过多种途径了解幼儿的发展,获得的评价信息是否真实、可信。二是看教师能否认真分析影响幼儿发展的因素,特别是对自

身工作问题的分析，能否根据幼儿的发展情况制订教育工作计划，有针对性地对幼儿进行个别指导，有目的地改进教育过程。三是考量能否及时向家长反馈评价信息，与家长共同分析影响幼儿发展的因素。

二、面向教师现状的教师发展评价

以教师课程执行力为抓手促进教师专业化发展，是优化园本课程的必要条件。同时，园本课程的实施亦是教师专业发展的重要契机。在充分剖析本园教师学历高、年轻化、新老交替频繁、骨干引领匮乏的特点之后，需要有针对性地对"以课（程）促教（师）""以教促课"两方面进行评价。教师发展评价方式见表4-30。

表 4-30　教师发展评价方式

评价内容		教师自评	他人评价	评价方法
课程设计能力	脉络建构能力	教师教研手册 片区教研	主题方案评比	访谈法 展示法 问卷法 比较法
	教育环境创设	环境材料统计	月末环境监察 定期材料巡检 环境案例观摩	
课程实施能力	课程实施调控	年级组教研 游戏观察记录 班本项目撰写 生本项目分享	班本项目分享 生本项目分享	
	教学组织能力	教学反思回顾 定期教学培训	教学观摩指导 半日观摩指导 游戏观摩指导	
课程评价能力	课程反思能力	主题回顾梳理 主题档案记录	主题案例评比 主题分享	
	课程调整能力		课程审议	
教师整体专业发展		个人学期总结 发展规划年度达成 教师成长档案	教师月考核 基本功展评 教科研评比 拔尖人才评比	

三、指向课程优化的课程实施评价

我园根据《指南》有关课程内容的具体要求，结合幼儿园园本课程内容，以"润州区幼儿园各年龄段儿童学习与发展评价量表"为评估蓝本，评估工作主要由园长、家长及指导专家共同完成。在此过程中，教师、教研组长及园长作为核心信息提供者，并辅以家庭评价信息。这一评估体系为保教人员提供了基本的工作标准，用以评价教师课程设计与实施（执行）情况。评估方法主要包括对教师相关课程文本的审阅、课程实施现场的考察，以及调查问卷的收集与分析。这些评估手段共同构成了我们全面、严谨的评价体系。

1. 课程实施评价的目的

课程实施的评价旨在发挥课程评价的反馈调节作用，促成课程评价与设计的有效互动与循环，借此提升课程质量。

2. 课程实施评价的主体

课程实施评价需要幼儿、教师、课程专家、家长等共同参与。其中，课程是属于幼儿的课程，课程从幼儿这里开启，也是围绕着幼儿进行的，只有真正倾听幼儿的声音，明晰幼儿在课程中的兴趣、需要，支持由幼儿发起的"自下而上的革命"，才能真正呵护幼儿。

同时，幼儿园充分吸引并调动家长、保育员、课程专家、社区人员等各方力量，促使其与教师互动、参与课程实施。特别是各方在听取教师陈述后，能够对主题实施中的困难和困惑提供多样的建议和丰富的资源。另外，幼儿园通过多层级、多层次的教研和培训（年段审议、班本优化讨论）等方式，助力教师在课程实施中提升课程观念和课程执行能力。课程实施评价方式见表4-31。

表 4-31 课程实施评价方式

评价内容	核心议题	评价方式	评价方法
课程目标	园本课程是否符合课程理念、指向课程目标 目标达成的速率是否合适	学期目标达成审议会 课程实施专家指导 课程研究组质量分析 幼儿访谈与问询	访谈法 调研法 展示法
课程内容	课程的内容幼儿是否感兴趣 课程资源开发是否充分 课程的脉络框架及课程成果交流否清晰	课程分享与交流 课程审议与评估 课程成果交流	
课程组织	教师教学质量能否满足课程需求 幼儿作息安排是否合理	家长参与式教学反馈 教学展示与评比	

基于课程评价的目的，幼儿园以幼儿、教师及家长为评价主体，以课程目标、课程内容及课程组织为主要的评价指向，根据课程的总目标及年龄阶段目标，结合"润州区幼儿园各年龄段儿童学习与发展评价量表"中的小、中、大班各年龄段的评价标准，运用评价量表进行具体的评价操作。

第二节 课程保障

为了保障课程的有效开发及实施质量，幼儿园建立了各项保障机制，以健全的管理制度、完善的运营机制、合理的人员配置，强化课程实施的管理。

（一）制度保障

为有效推进课程的实施，幼儿园制定了与课程改革相关的制度，如教研管理制度、科研管理制度、殷霞工作室管理制度、课程研发管理制度、课程质量评价制度、教育教学研究成果考核制度等。

（二）组织保障

幼儿园从课程的建设和实施需求出发，建立了完善的课程管理组织，统一协调各部门的职责。课程管理组织架构见表4-32。

表4-32　课程管理组织架构

责任人	具体职责
园　长	全面负责，紧扣研究方向，调控课程的动态架构
业务园长	负责指导课程的组织与实施，负责保教秩序、课程建设的常规落实
后勤园长	配合生活版块、运动版块的组织与实施，配合业务园长落实一日活动常规的执行
年级组长	负责把握级本课程实施的容量与质量，和年级组一日活动常规的合理性与执行效果
课题组长	负责教师科研培训，配合业务园长落实课程的有效组织与实施
班级教师	观察幼儿行为；生成生本、班本项目活动；实施进程调控；开发利用活动资源
家长教师	观察幼儿行为；参与课程建设、实施与课程评价；参与家长助教等活动

（三）人员保障

幼儿园目前有24名专任教师，教师整体学历水平较高，其中研究生5人，本科及以上学历达97%，这一高素质高学历的教师团队为我们的课程实施提供了人员保障。根据课程管理组织架构，我们成立了以园长为核心的课程研发、课程审议、课程实施、资源保障、课程评价小组。这些小组分别具体负责课程建设的研究、组织教研活动、教师课程培训、课程评价等工作，课程管理组织架构见图4-11。

课程管理组织架构图

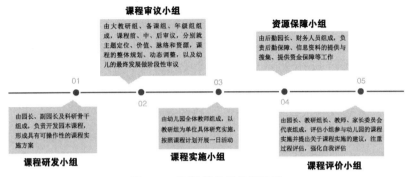

图 4-11　课程管理组织架构图

① 课程研发小组：由园长、副园长及科研骨干组成，负责开发园本课程，形成具有可操作性的课程实施方案。

② 课程审议小组：由大教研组、备课组、年级组组成，课程前、中、后审议，分别就主题定位、价值、脉络和资源，课程的整体规划、动态调整，以及幼儿的最终发展做阶段性审议。

③ 课程实施小组：由幼儿园全体教师组成，以教研组为单位具体研究实施，按照课程计划开展一日活动。

④ 资源保障小组：由后勤园长、财务人员组成，负责后勤保障、信息资料的提供与搜集、提供资金保障等工作。

⑤ 课程评价小组：由园长、教研组长、教师、家长委员会代表组成，评估小组参与幼儿园的课程实施并提出关于课程实施的建议，注重过程评估，强化自我评估。

（四）培训保障

幼儿园注重师训工作，通过多维度、多形式、多途径开展课程培训，保障课程实施有序推进。

① 多形式科学使用资源。组织教师观摩教学活动、骨干教师展示活动、教师分享活动，组织教师观摩游戏，学习现场点评、观察记录，学写学习故事等。多元化活动帮助教师科学使用园内外课程资

源，实施课程。

②多层次教研审议内容。通过园本教研、年级组教研、自主教研三级教研形式对不同阶段的主题进一步进行阶段审议，帮助教师明晰教材的具体操作办法，明晰内容体系、领域特质，链接幼儿经验，架构适合的课程内容，明确实施中的难易程度、重难点、前期经验、材料与资源等。

③分层放权留白策略。课程是链接各年龄段幼儿实际情况、贴合教师实际水平的，针对年轻教师和成熟型教师，实施分层逐步放权留白策略。此举既保证了课程的规范性，又具有一定的灵活性。在保留主题活动班本化的过程中，各班根据自身实际与需求选取价值点，创建独有的项目，这种方式既凸显了课程主题的生成性，又考虑到了课程的领域均衡性。

(五) 经费保障

为保障幼儿园课程的实施，幼儿园在经费上予以配合，保障教师每年的培训费用、科研指导费、课题指导费，以及专家指导费，并将课程建设使用经费列入每年的课程预算中，保障建设需要。

①确保课程建设中添置设施设备、投入环境材料等经费的支出。

②多为教师提供外出学习、培训的机会，在经费上予以保障，设立课程实施经费，为教师添置参考资料及配置所需要的材料和设施提供经费支持。

③对于在课程研究成果方面有重大贡献的教师给予奖励，奖励标准参照《润州区实验幼儿园考核办法》。

第五章 五级阅历课程案例

案例1 生本微项目活动（教师版）：这是什么籽儿

一、微项目来源

微项目活动指的是幼儿围绕一日生活中某个感兴趣的小话题或小问题，在教师的陪伴、支持和无痕引导下，以项目学习的方式开展的微型系列探究活动。生本课程是在我园"丰富阅历，培育完整儿童，为孩子的快乐人生奠基"的办园理念下，以"兴趣—问题"为切入点开展的微项目活动，它是我园"阅历五级课程"中唯一以追踪某个幼儿展开的微型课程。

本次生本微项目活动缘起于乐乐小朋友在自然角的一次偶然发现。"秋姐姐"来了，我们的自然角到处都是秋天的果实，还有由"南瓜娃娃"组成的部落。乐乐小朋友在观察过程中突然指着筐子里的白胖籽儿问道："咦，自然角里是什么？白白的，胖胖的，是瓜子吗？是种子吗？"

乐乐对南瓜籽儿产生了一系列的疑问，教师及时捕捉到这一信息，结合乐乐的年龄特点，追随着他开启了一段"南瓜籽儿之旅"……

二、微项目目标

① 初步了解南瓜籽儿的形态、颜色和功效等，动手动脑，探究问题。
② 能运用各种感官对南瓜籽儿进行探索，具有初步的探究能力。
③ 对秋天的种子感兴趣，有好奇心和求知欲。

④ 爱护植物，关心周围环境，亲近大自然，珍惜自然资源。

三、微项目线索

"这是什么籽儿"微项目线索见图5-1。

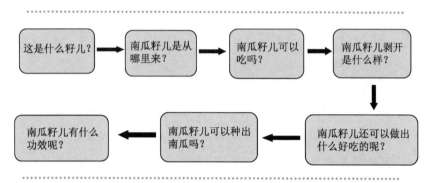

图5-1　"这是什么籽儿"微项目线索

四、微项目实施

（一）南瓜籽儿是从哪儿来的？

南瓜籽儿从哪儿来的？乐乐去问了打扫自然角的保育员奶奶，原来是自然角里的南瓜烂掉了，保育员奶奶将南瓜籽儿挖出来，放在外面晒着呢。那南瓜籽儿住在哪里呢？南瓜里面到底是什么样的呢？在妈妈的陪同下，乐乐切开了一个小南瓜（见图5-2）。乐乐发现，原来南瓜里有橘黄的肉肉，南瓜籽儿住在南瓜的中心，被一层层网包着，看起来好温暖（见图5-3）。

图5-2　乐乐观察南瓜

图5-3　南瓜的内部结构

为了让孩子更真实地了解南瓜的构造，体验自然的奥秘，老师充分利用南瓜作为教育资源，倾听孩子关于南瓜籽儿的一系列问题，让孩子动手实践，观察探究南瓜籽儿的秘密。

（二）南瓜籽儿可以吃吗？

乐乐将自己挖出来的南瓜籽儿清洗干净后拿在手上闻了闻，和旁边的想想开启了一段对话。

乐乐："这个南瓜籽儿跟葵花籽儿有点像呢，你说能吃吗？"

想想："我吃过葵花籽儿，但是南瓜籽儿没吃过。"

乐乐："我觉得应该差不多吧！"

想想："那怎么吃啊，直接吃吗？我觉得不能吃吧。"

老师："我们一起研究一下南瓜籽儿能不能吃。"

……

第二天，乐乐特别高兴地宣布："南瓜籽儿不仅能吃，吃起来还很香呢，不过一定要炒熟哦。"原来乐乐回家问了妈妈，还跟妈妈一起在网上观看了炒南瓜籽儿的视频，老师鼓励他将炒制的过程记录下来跟小朋友们分享。乐乐绘制的南瓜籽儿的炒制过程见图5-4。

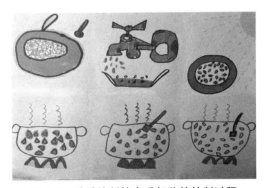

图 5-4　乐乐绘制的南瓜籽儿的炒制过程

乐乐从自己的生活经验出发，从南瓜籽儿联想到了以前吃过的葵花籽儿，对于南瓜籽儿到底能不能吃，乐乐和他的好朋友有了不同的见解。老师鼓励他去探究，去拓展自己的生活经验。在这个过程中，老师始终是孩子自主探究的支持者和陪伴者，是孩子的追随者。

（三）南瓜籽儿剥开是什么样呢？

为了和好朋友一起分享好吃的南瓜籽儿，乐乐还和妈妈一起去买了些炒南瓜籽儿带到幼儿园。大家闻着香喷喷的南瓜籽儿，口水直流。"南瓜籽儿的肚皮白白的，壳硬硬的，里面是什么样的呢？"乐乐问球球，球球说："应该是白色的吧。"乐乐问老师，老师说："我们一起剥开看看。"于是，在老师的带领下，大家小心翼翼地将南瓜籽儿的壳剥开。乐乐第一个叫了起来："壳里面是绿色的！"原来南瓜籽儿的果仁是个绿宝宝。

乐乐的经验告诉他果壳里会藏着果仁，至于南瓜籽儿的果仁是什么样，他的经验不足以回答，所以他对此产生了好奇和疑惑。他来询问老师时，老师并没有直接给出答案，而是放手让孩子观察。这样的教育方式充分体现了孩子在探究活动中的自由自主，激发了他们探究的兴趣。

（四）南瓜籽儿还可以用来做什么好吃的呢？

乐乐吃着香喷喷的南瓜籽儿，扭头问老师。

乐乐："老师，我还吃过南瓜饼，那个也是南瓜籽儿做的吗？南瓜籽儿还可以用来做什么好吃的？"

于是，乐乐在老师的带领下来到食堂，对食堂的美食高手高奶奶进行了采访。

乐乐："高奶奶，请问我们下午餐点吃的南瓜饼是用南瓜籽儿做的吗？"

高奶奶："不是哦，是用南瓜肉加上糯米粉做的。"

乐乐："那南瓜籽儿能用来做什么美食吗？"

高奶奶："南瓜籽儿可以炒着吃，也可以做南瓜籽儿饼、南瓜籽儿蛋糕，还可以榨油呢。"（见图5-5）

图 5-5　用南瓜籽儿制作的美食

乐乐对南瓜籽儿的好奇及持续探究，极大地激发了他的求知欲。南瓜籽儿能用来做什么好吃的呢？通过采访食堂的高奶奶，乐乐获取了有关南瓜籽儿美食的直接经验，他还近距离地观察了制作南瓜籽儿美食的各种厨具，更加立体地感受到了美食的魅力。

（五）南瓜籽儿能种出南瓜吗？

乐乐拿着南瓜籽儿和自然角的其他种子对比了一下，然后找到了一个空置的花盆，在花盆里挖了个小洞将南瓜籽儿种了进去，看到旁边的青菜种子已经冒出来好多小叶子，他的种子一点儿反应都没有，他有点着急了（见图 5-6）。

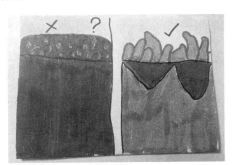

图 5-6　种子生长对比观察记录

乐乐："保育员奶奶，为什么青菜种子长得那么高了，我的南瓜籽儿一点儿反应都没有啊。"

保育员奶奶："你是怎么种的?"

乐乐："我把南瓜籽儿埋在了土里，然后每天给它浇水啊。"

保育员奶奶："南瓜种子不能直接种，要用温水浸泡，然后放在温暖潮湿的地方催过芽再种，这样更容易活。"

于是，在保育员奶奶的帮助下，乐乐又重新将催过芽的南瓜籽儿种了下去，他一直在期待他的南瓜宝宝。

乐乐在种植南瓜的过程中，一直没有等到南瓜发芽，这与他的期待有些落差。对此，他产生了疑惑。保育员奶奶的适时介入，帮助乐乐解决了他的困惑。老师鼓励孩子用记录的方式来呈现自己的探究发现，让孩子逐步自我建构科学知识与经验，在记录的过程中享受探究的乐趣。

（六）南瓜籽儿有什么功效呢？

小冉的爸爸是中医，她告诉乐乐："南瓜籽儿还是一味中药呢。"中药？那岂不是很厉害？肯定有很多作用。于是，乐乐向小冉的爸爸借来了中医的书，跟老师一起阅读。老师还陪着乐乐观看了介绍南瓜籽儿功效的视频。

原来，南瓜籽儿可以消除水肿，可以让我们的肠道变得通畅，还可以帮助哺乳期的妈妈产出更多的奶水，让宝宝喝得饱饱的（见图5-7）。南瓜籽儿的功效可真神奇！

图 5-7 南瓜籽儿的功效

孩子有了解南瓜籽儿功效的需求，老师给予充分的时间、空间让他去自由自主地探究。遇到关于功效这种孩子比较难理解的问题，老

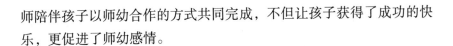

师陪伴孩子以师幼合作的方式共同完成，不但让孩子获得了成功的快乐，更促进了师幼感情。

五、老师微感悟

微项目"这是什么籽儿"由乐乐小朋友关于"自然角的白胖子到底是谁"的问题生发，教师基于这一真实问题，挖掘其教育价值，引领乐乐小朋友积极主动地深入探究。在观察南瓜内部结构的过程中，乐乐初步尝试了探究的乐趣；在猜测、讨论有关南瓜籽儿的美食的过程中，乐乐获取了有关南瓜籽儿拓展的知识与经验；在种植南瓜籽儿的过程中，乐乐通过尝试、遇到问题、解决问题、再次实践，萌发了对自然和生命的关注与热爱。

自然界有万千物种，幼儿教师需要让"生命教育"自然融入每一个孩子的心灵，让每个孩子遇见生命中最美的自己！

（案例提供：严欢老师）

案例2 生本微项目活动（家长版）：雨水的形成

一、微项目来源

开学快一周了，每天都有不同大小的雨滴滴答答的。一天，上学的路上下雨了，一滴滴雨水从天空中落下，泽涵伸出了手掌，一滴雨水打在了他的手心里（见图5-8），泽涵抬头仰望天空问妈妈："妈妈，雨水是怎么形成的呢？""为什么会下雨呢？""天空明明是空的，怎么会有那么多的雨水呢？""为什么雨水是一滴一滴的，有时候雨下得很大，有时候却下得很小？"（见图5-9）孩子的问题总是那么童真童趣，就这样，一个接着一个的问题引发了泽涵的自然小课堂。

图 5-8 观察雨水滴落

图 5-9 向妈妈提出关于雨水的问题

二、微项目目标

① 初步了解雨水的形成。

② 借助蒸发实验掌握探索活动中所运用的基本科学方法。

③ 激发对科学活动的兴趣，体验探究的乐趣。

三、微项目线索

"雨水的形成"微项目线索见图 5-10。

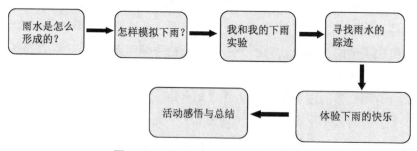

图 5-10 "雨水的形成"微项目线索

四、微项目实施

（一）雨水是怎么形成的？

雨水是怎么形成的？是天兵天将控制的，还是太阳公公伤心流的眼泪，抑或是龙王的功劳呢？天空要下雨了，云层遮住了太阳，有时候云层黑压压的，像一幅肆意涂抹的黑色水墨画，接下来就是倾盆的大雨，豆大的雨点在地面上溅起了水花；而有时候天空是雾蒙蒙的，雨水像细细的花洒，均匀地洒在每一片树叶上。泽涵观察着不同天气下的雨水（见图5-11、图5-12），我觉得他了解得不够全面，对兴趣的探索尚需引导教育。

妈妈：看到玻璃窗户上的雨水了吗？

泽涵：看到了，是天空中的雨水打在了窗户上。

妈妈：那现在是大雨还是小雨呢？

泽涵：现在的雨是大雨。

妈妈：是的，每一滴雨水打在窗台上时，我们都可以听见滴答滴答的声音。

妈妈告诉泽涵：小水滴怕热的时候会跑到空中玩耍，但空中很冷，小水滴只能抱团取暖，当云伯伯托不住拥抱的小水滴时，小水滴就变成雨落了下来。

泽涵：雨这么顽皮、这么可爱啊！

图 5-11　观察花朵上的雨水

图 5-12　观察绿叶上的雨水

（二）怎样模拟下雨？

模拟下雨需要做哪些准备工作呢？泽涵通过平时的观察感知与思考（见图5-13），在妈妈的帮助与陪伴下，决定自己模拟一次下雨。妈妈支持泽涵的想法，并结合他的兴趣，因势利导，鼓励泽涵锻炼实际动手能力。在这个过程中，妈妈作为陪伴者与支持者，帮助和引导泽涵完成下雨的模拟实验（见图5-14）。

准备材料：一个空瓶子、一个装水容器、热水壶、水。

制作步骤：

① 将空瓶子装满水，放入冰箱冷冻，结冰后拿出。

② 准备一个空容器（家里的杯子或碗都可以）。

③ 用热水壶把水烧开（家长代替操作）。

④ 在备好的空容器中倒入刚沸腾的开水（家长代替操作）。

⑤ 把冰冻的瓶子置于加了热水的容器之上。

⑥ 等待欣赏整个模拟降雨的过程。

泽涵自己动手，很快就完成了制作步骤，在一番努力操作下，泽涵终于看到了水蒸气凝结在瓶身周围（见图5-15），变成水滴，一滴一滴地滴了下来（见图5-16）。

图 5-13　感知雨水

图 5-14　动手实验

图 5-15 水蒸气凝结在瓶身

图 5-16 变成水滴

泽涵在妈妈的引导与耐心教导下，自己动手制作，按照实验的步骤有条不紊地完成了实验。这个过程不仅锻炼了他的动手能力，也让他明白了不断尝试做自己喜欢和感兴趣的事情，一定可以收获自己想要的结果。这次实验极大地激发了泽涵对自然科学的兴趣，当雨水模拟实验成功的那一刻，泽涵特别开心！

妈妈：有没有仔细记住实验步骤，按照步骤操作呢？

泽涵：是的，我都是按照步骤进行的。准备好需要的材料，按照妈妈说的步骤，一步一步地进行，如果不按照步骤进行，那就看不到"下雨"了。

妈妈：有没有仔细观察水滴的变化呢？

泽涵：是的，刚倒入热水的时候，水蒸气很多，瓶身上滴下来的水滴也很多、很大；慢慢地，热水变凉了，水蒸气也少了，瓶身上滴下来的水滴也越来越少，没有之前的水滴大了。到最后，没有水蒸气了，水滴也就消失了。

在这次小实验中，泽涵敢于尝试，自己动手准备材料，他充分了解了做事之前要做好准备工作。同时，他也认识到只有努力去学习，掌握了方法，才能达到实验的目的。此外，他还领悟到，唯有认真做好每一个操作步骤，才能保证整体实验的成功。

温馨提示：模拟下雨小实验虽然趣味无穷，但是实验中涉及热水的使用，家长一定要在对应的环节给予一定的帮助或者代替儿童操作。在实验的过程中，有爸爸妈妈或者其他大人陪伴是最理想的状态。

（三）寻找雨水的踪迹

泽涵在妈妈的指导与帮助下，完成了模拟降雨的小实验，从实验本身学习到了做实验的方法和步骤，并从实验中直观地了解了雨水的形成过程。原来降雨是一种有趣的自然现象，这进一步激发了他对科学和自然的探索兴趣。

实验带来的快乐还将继续：泽涵又开始从书里查找雨水的踪迹（见图5-17）。他发现雨水汇集到地面，流进了小河，又从小河汇入了大江，最后流进了海洋。放下书本，泽涵又迫不及待地开始了新的观察（见图5-18、图5-19）。这进一步增强了他的逻辑思维能力，培养了他注重细节的思考习惯。

图5-17 查找雨水的踪迹

图5-18 观察雨后的路面

图5-19 在伞下听雨的声音

（四）体验下雨的快乐

泽涵呼吸着雨后清新的空气，脸上洋溢着笑容（见图5-20）。他一路追寻着雨水的踪迹，看雨水流过的水坑，看雨水推动地上的落叶，曲曲折折流向了绿化带，流向了花园。雨水使干燥的土壤变得潮湿，滋润了花草，给大自然带来了勃勃生机，带来了青葱美丽。泽涵通过此次活动，凭借自己的学习和努力，深刻地体会到了自然实验的乐趣。

图 5-20　感受雨后空气

五、家长微感悟

教育从来都不是机械地传授知识，而是引领孩子们走进自然去聆听、去触摸、去观察。我们在活动过程中助力孩子成长，而孩子在活动过程中探索世界。雨是自然的一部分，在自然这个没有屋顶的课堂里，孩子们学会了接纳、适应和敬畏，在看雨、听雨、摸雨和玩雨的过程中体悟着雨水的特点，本能地亲近大自然。泽涵在活动过程中，起初是对下雨感到好奇，由好奇转入对雨水形成的思考，进而尝试通过模拟下雨的实验还原自然现象。在这个过程中，他既了解了雨水形成的基本原理、水的循环，又掌握了实验的基本操作步骤。

我们重视对泽涵兴趣爱好的培养，鼓励并支持他动手实践，发挥创造力、想象力，不断拓展知识面及情感世界。通过分解目标、逐步实现，我们最终帮助他达成了他的愿望。这个小的学习活动，让他感受到了大自然的奥妙、世界的神奇，享受到了学习的快乐。在这个过程中，我们如同朋友，一起成长与学习，体验活动的每一个阶段，整个过程中孩子主动探索、轻松自在。科学没有尽头，更没有边界，我们应该让孩子感知大自然的美妙，使其享受成长与学习带来的无穷乐趣。

儿童的兴趣爱好要从小培养，教育者应努力发掘他们的天赋，对于孩子感兴趣的事物，应由他们自己去探索，以激发其求知欲。教育者还应鼓励他们通过实际行动来达成自己的目标，这样才能真正推动问题的解决。在教育过程中，我们需因势利导，逐步拆解任务，在追求创新发明的同时，亦需关注儿童的兴趣培养与爱好激发。通过引导他们从多个角度审视问题，鼓励他们形成独立的思考与见解。我们可以为他们点燃一盏心灯，照亮智慧之路。针对儿童的成长、心理及兴趣特点，我们应制订并实施切实有效的教育计划，激发他们的创造力和主动性，从而促进其全面发展。

（案例提供：中二班泽涵妈妈）

案例3　班本项目活动（小班）：小鸡从哪里来

一、班本项目来源

本次班本活动是小班上学期班本课程的延续。在小班上学期的班本课程"'蛋'生记"中，孩子们模仿鸡妈妈进行了 21 天的孵化实验，最终失败，由此生成了新问题：我的鸡蛋为什么孵不出小鸡？小鸡在鸡蛋里是怎么生长的呢？因为疫情，在这个特殊的超长寒假里，妞妞妈妈给大家推荐了绘本《小鸡从哪里来》，该绘本通过栩栩如生的图画和娓娓道来的文字，循序渐进地介绍了鸡蛋的知识，以及小鸡是怎么孵化出来的。绘本中的许多元素与幼儿的兴趣及认知发展相契合。

因此，我们以绘本《小鸡从哪里来》为载体，开展了本次班本项目活动"小鸡从哪里来"。

小鸡在鸡蛋内如何生长？它们怎样发育？它们从哪里得到生长所需的营养？鸡妈妈如何保护它们？从《小鸡从哪里来》这本书里，我们了解到母鸡孵化鸡蛋需要 3 个星期，其间母鸡会给鸡蛋提供稳定的温度环境，并且翻动鸡蛋，让鸡蛋平均受温，这样有助于孵化。小鸡先是由一个受精卵发育成一个小鸡的脑袋，然后慢慢长出身体，最后慢慢长出羽毛。在鸡蛋里，小鸡会在蛋壳一端的气室里啄开一个小孔进行呼吸，然后用破卵齿开始破壳，这就像孩子要生下来的那个阶段，是个比较艰巨的过程，但是小鸡还是努力去克服了，只为了证明自己的存在。经过一系列的奋斗，小鸡累坏了，出壳后有点站不稳，不过母鸡这个时候就会张开翅膀保护刚刚出生的小鸡，让小鸡在妈妈的翅膀下休息。几个小时后，毛茸茸的小鸡就开始去寻找食物了。这就是小鸡的诞生。

《小鸡从哪里来》绘本价值分析见表 5-1。

表 5-1 《小鸡从哪里来》绘本价值分析表

价值体现	绘本元素	与幼儿发展的契合点
认知	早晨吃的鸡蛋通常是不会发育成一只小鸡的 经过 3 周，小鸡会从鸡蛋中孵化出来 小鸡在第 3 天及第 5 天的发育过程	知道小鸡孵化的条件 详细了解小鸡在孵化过程中的变化
情感态度	母鸡坐窝孵蛋 3 天了，母鸡不时地给鸡蛋翻身 母鸡不再离开鸡蛋，它不吃不喝，直到小鸡孵化出来 小鸡醒来后，便一刻不停地啄上好几个小时	感受鸡妈妈在孵化过程中对小鸡无微不至的爱 学习耐心细致地照顾蛋宝宝

续表

价值体现	绘本元素	与幼儿发展的契合点
表达表现	小鸡看起来像字母 C，小鸡的头占了身体的一半，它在蛋清中扭动，弯曲身体，蜷缩在蛋壳内 它使劲地伸展爪子蹬开半边蛋壳，再用脖子和肩膀使劲地将另外半个蛋壳推开	动作模仿，角色扮演，体会小鸡出壳的能量 感受新生命的顽强及神奇

二、班本项目目标

认知：了解小鸡孵化的条件及小鸡在孵化过程中的变化。

能力：通过观察、模仿、分享、表达等，尝试细致耐心地照顾蛋宝宝和小鸡。

情感：感受鸡妈妈孵化过程中对小鸡无微不至的爱，以及新生命的顽强和神奇。

三、班本项目线索：

围绕绘本《小鸡从哪里来》蕴含的价值元素预设各个子项目，初步形成四大板块的内容和结构，即"探秘蛋宝宝""小鸡孵化记""我来照顾你""我们做朋友"，涵盖集体教学、区域游戏、户外游戏、家长助教、社会实践、绘本剧等形式。我们从幼儿原有经验入手，通过持续观察、同伴分享、创作表达、家园合作等途径，追随孩子们的兴趣，开始了一场有关"鸡蛋""小鸡"的探究之旅。期望孩子们能通过为期 6 周的项目活动了解小鸡的孵化过程、外形特征、生活习性，对小鸡的生长产生好奇之心，感受生命的神奇，在幼小的心灵中埋下关爱生命的种子。

《小鸡从哪里来》思维导图见图 5-21。

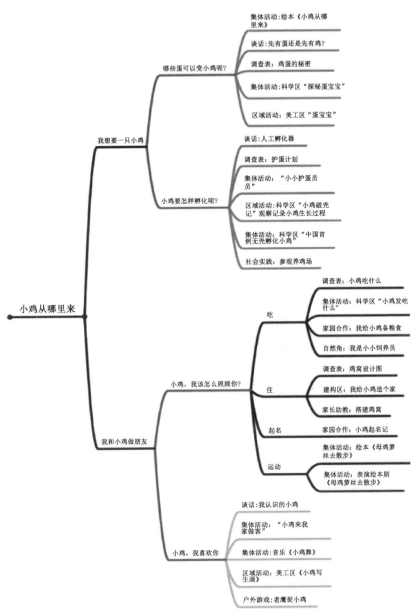

图 5-21 《小鸡从哪里来》思维导图

四、项目探究

"鸡蛋为什么孵不出小鸡?""小鸡是怎么来的?"这两个问题是孩子们困惑的问题,推动了本次班本项目活动的开始,我们开展了一系列的探究活动去寻找答案。

(一)探秘蛋宝宝

孩子们的第一个问题是什么样的鸡蛋才能孵化出小鸡,我们通过绘本《小鸡从哪里来》中一张张生动的图片让孩子们知道,只有公鸡和母鸡交配产生的有受精卵的蛋,才能孵出小鸡(见图5-22)。在科学活动"探秘蛋宝宝"中,孩子们通过实际观看,直观地观察到了受精鸡蛋和普通鸡蛋的区别(见图5-23)。

图5-22　受精卵蛋　　　　图5-23　观察受精卵鸡蛋和普通鸡蛋

之怡:"如果把有受精卵的鸡蛋不小心吃了,就太可怜了!"

思远:"我的鸡蛋跟他的不一样,里面有个小白点,这应该就是受精卵鸡蛋,可以变小鸡。"

孩子们也知道鸡蛋非常有营养,早晨都会吃上一个,这不,孩子们还动手制作了美味的"铁板鸡蛋"(见图5-24、图5-25)!

图 5-24 幼儿绘画"铁板鸡蛋"

图 5-25 幼儿展示"铁板鸡蛋"

（二）小鸡孵化记

除了需要受精鸡蛋以外，孵化小鸡还需要哪些条件呢？孩子们在爸爸妈妈的帮助下，通过阅读相关书籍、上网查找资料等方法，发现孵化小鸡需要适宜的温度和湿度，孵蛋方式有鸡妈妈孵化和人工孵化两种。在此基础上，我们通过观看中国首例无壳孵化小鸡的视频，丰富了孩子们关于孵化方式的知识。

这一神奇的新孵化方式让所有孩子都激动地拍起手来，叫声连连，孩子们想要孵化小鸡的愿望和热情也被直接调动了起来。

隔了两天，5 月 20 日放学时，吴睿妈妈给班级送来了一台人工孵化器和 10 枚受精鸡蛋。老师们拿到以后开始了组装、学习及研究。人工孵化器上的第一个数字代表温度，在孵化小鸡的过程中需要保持在 37.8 摄氏度，第二个数字代表湿度，需要保持在 55%~75%（见图 5-26）。

图 5-26 老师们研究孵化器的使用方法

5 月 21 日，10 枚鸡蛋在孩子们期待的目光下正式进入温暖的孵化箱（见图 5-27）。孩子们的孵蛋之旅正式开始啦！孩子们化身为"小小护蛋员",像鸡妈妈一样,时时关注着孵化箱里的鸡蛋,每隔半天就要给孵化箱加水(见图5-28),让湿度保持在湿度计刻度55%~70%。

图 5-27　小朋友看进入孵化器的鸡蛋　　图 5-28　给孵化器加水

　　转眼过去了7天,我们用手电筒第一次看到了蛋壳中的小鸡,这时已经能够在灯光下清楚地看到蛋壳里的血丝(见图5-29),孩子们都惊呼起来:"小鸡真的会孵化出来吧!"第17天,孩子们模仿小鸡在蛋壳里蜷缩的样子(见图5-30)。同时,我们在科学区投放了"小鸡破壳记"记录表,鼓励孩子们在观察的同时及时记录自己的发现(见图5-31)。

图 5-29　手电筒照鸡蛋　　　　　　图 5-30　模仿鸡宝宝

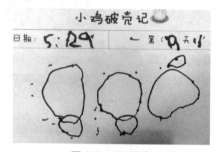

图 5-31　记录表

离小鸡出壳的日子越来越近了，孩子们期待的心情越发强烈，对即将出生的鸡宝宝的兴趣也愈加浓厚。这时，我们鼓励家长利用周末时间带孩子们去参观养鸡场。养鸡场的实地参观使孩子们开始关注到小鸡的外形特征、饲养环境及喜好，他们对小鸡的兴趣也变得更加浓厚。

嘉阳："鸡是会飞的，我就想追上它！"（见图5-32）

煜鑫："鸡的脚是三角形的，鸡的头上还有红红的鸡冠呢！"（见图5-33）

图 5-32　嘉阳参观养鸡场

图 5-33　煜鑫看小鸡

6月10号中午，安静的教室里突然出现了"叽叽叽、叽叽叽"的声音，眼看着小鸡一点点从蛋壳里挣脱出来，惊喜的表情清清楚楚地刻在了孩子们的脸上，1只，2只，3只……一个上午陆续出来了6只小鸡（见图5-34）。

小鸡的成功破壳对孩子们来说可谓惊喜万分，孩子们非常高兴，都想好好照顾这些刚出生的

图 5-34　小鸡破壳

鸡宝宝。因此，如何照顾新生命就成为我们接下来需要探究的问题。

（三）我来照顾你

要如何照顾出生后的鸡宝宝？大家最先想到的就是给鸡宝宝准备一个温暖的鸡窝，宗洋小朋友在第二天就带来了一个鞋盒，告诉我们这是给鸡宝宝准备的家（见图5-35），阿姨帮忙垫上了柔软的毛巾，又给纸盒戳了透气孔，最开始的鸡窝就这样做好了（见图5-36）。

图5-35　宗洋小朋友带来鞋盒

图5-36　阿姨在鞋盒里垫上毛巾

小鸡每天由小朋友们轮流带回家照顾，孩子们不仅和小鸡有了亲密接触，还要负责照顾小鸡的吃喝，家长则记录孩子们照顾小鸡的过程，并在班级群里"打卡"（见图5-37）。在家长和小朋友的共同努力下，小鸡的家变得越来越大，越来越豪华（见图5-38）。大家都在为小鸡的饲养出谋划策，嘉奕妈妈、思远妈妈给小鸡送来了好多从网上买的鸡饲料，保安叔叔给小鸡

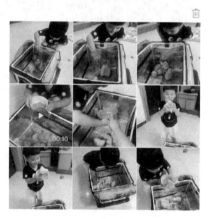

图5-37　家长群内打卡

送来了小米，张阿姨给小鸡准备了碾碎的米……刚出生的小鸡不能吃太多，我们在早上、中午和离开幼儿园的时候分别喂一次，每次喂一小碟（见图5-39）。

图 5-38　给小鸡换更大的鸡窝

图 5-39　给小鸡喂食

孩子们在建构区也进行了鸡窝的搭建，"墙要高一点，不然小鸡会飞出去""砖头要有空隙，小鸡要透气""给小鸡装个水盆，小鸡要喝水"……孩子们根据自己积累的关于小鸡生活习性的经验进行着搭建（见图 5-40）。

图 5-40　建构区搭建鸡窝

小鸡一天天长大，也越来越调皮，甚至三番五次试图从鸡窝里翻出来。于是，经过一番讨论后，大家决定给小鸡造一个更大的鸡窝！来看看亲子设计图吧，有栅栏鸡窝（见图 5-41）、砖头鸡窝、草垛鸡窝……

图 5-41　鸡窝设计图

6 月 29 日，嘉阳爸爸带着从网上购买的搭建鸡窝的材料，走进幼儿园，和保安叔叔、孩子们一起进行了一上午的鸡窝搭建工程。孩子们从认识工具到和叔叔们一起动手搭建鸡窝，满满的成就感不言而喻（见图 5-42）。

图 5-42　家长助教：搭建鸡窝

（四）我们做朋友

孩子们制作了名字牌，还进行了拉票（见图5-43）。老师在班级群里做好了投票链接，孩子和家长一起进行了投票，最终毛毛、黄黄、橙橙、圆圆、贝贝、小布丁这几个名字胜出了（见图5-44）。

图 5-43　小朋友介绍小鸡的名字　　　　图 5-44　群内投票

在美工区，我们用多种材料制作了主题手工作品：《母鸡下蛋了》（见图5-45）、《小鸡出壳了》（见图5-46）、《小鸡吃虫》（见图5-47）等。其实，这就是小鸡从被孵化到长大的样子呀！

图 5-45　手工作品《母鸡下蛋了》　　图 5-46　手工作品《小鸡出壳了》

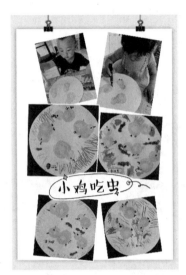

图 5-47　手工作品《小鸡吃虫》

在户外游戏中，我们玩了老鹰捉小鸡（见图 5-48）和母鸡带小鸡游戏，孩子们都是能干的"小鸡宝宝"，还会跳可爱的小鸡舞（见图 5-49）。

图 5-48　老鹰捉小鸡　　　　　　　　图 5-49　小鸡舞

很快就要放暑假了，我们和孩子们进行了关于小鸡归属的讨论。很多孩子说："我想继续照顾它，我想把它养在家里。"孩子们对小鸡恋恋不舍，建立起了情感链接。

可是，在梅雨季里，天天下雨，有时候夜里甚至会下暴雨，小鸡虽然待在更大的鸡窝里，但还是经常会被雨淋到。我们和孩子们商量讨论哪里更适合小鸡的生长，有参观经验的孩子们马上想到了养鸡场。于是，我们和小鸡进行了最后的告别，让保安叔叔把这 6 只小鸡带到了他家的养鸡场。

再见，毛毛！

再见，黄黄！

再见，橙橙！

再见，圆圆！

再见，贝贝！

再见，小布丁！

五、项目完成感悟与评价

（一）感悟

在孩子眼里，生命简单而又奇妙。他们全程参与了小鸡的孵化过程，坚持探索，积极思考，遇到问题后主动寻找答案，这种努力钻研的精神让我们欣慰。

在和小鸡一天天的相处中，孩子们会有许多的"哇"时刻。"哇"——"小鸡长这样啊""我们可以帮助小鸡搬家""小鸡家周围的砖头是我们搬的""我们可以和小鸡一起散步""小鸡的名字可以让我们来取"……孩子的眼睛会随着"哇"时刻的来临而瞬间明亮起来，脸上泛起幸福的微笑。小鸡的成长，给小一班的小朋友带来了欣喜与快乐。在饲养的过程中，他们慢慢感受到了生命存在的奇妙，理解了守护的价值，逐渐变成了有责任心、有爱心的"小家长"：原来关心他人是一件如此快乐的事情，自己动手是一件十分自豪的事情，互帮互助是一件很有意义的事情！

在活动实施过程中，我们始终充分尊重幼儿的学习特点与方式，不以直接教授知识为目的，而是在充分挖掘绘本价值元素的基础上，激发幼儿内在主动探索的兴趣，支持并满足幼儿经验与方法的获得。孩子们通过直接感知、实际操作、亲身体验，真切感受到生命的奇妙，感悟到生命的珍贵。在获得知识的同时，他们也逐渐懂得了热爱、尊重和保护每一个生命。

作为老师，我们也是第一次孵化小鸡，通过翻阅图书、查找资料、询问专家等方式，和孩子们一起"摸着石头过河"。这次的班本活动真正让老师、阿姨甚至幼儿园的保安叔叔都参与其中，我们和孩子们一同成长学习，我们每个人都上了生动的一课。

同时，我们充分发挥家园协作的作用，家长也是课程资源的一分子，在小鸡的孵化和饲养过程中，家长为孩子的探究提供了巨大的支持。南京师范大学虞永平教授曾明确指出："有效的幼儿园课程应该是可以激发家长的兴趣的。"在班本项目活动进程中，老师将"小鸡从哪里来"微课程的每一步都在班级动态中以翔实的图文、视频等方式与家长进行互动。家长对课程参与的兴趣，不仅在客观上可以弥补幼儿园课程实施的不足，而且可以进一步打开家园合作的新思路，丰富家园共育的新内涵。

因为一本绘本，我们对小鸡孵化产生了兴趣！

因为一次期待，我们感受了一次生命的奇妙！

（二）评价

"小鸡从哪里来"项目评价见表5-2。

表5-2 "小鸡从哪里来"项目评价表

实施时间：2020年5月—2020年6月

评价等第：优秀☆☆☆ 良好☆☆ 一般☆

项目	评价指标	评价等第	
		老师评	家长评
1	愿意阅读绘本，理解故事内容		
2	知道小鸡是从哪里来的		
3	知道小鸡孵化的条件		
4	了解小鸡孵化过程中逐步的生长变化		
5	感受鸡妈妈在孵化过程中对小鸡无微不至的爱		
6	感受新生命的顽强及神奇		

续表

项目	评价指标	评价等第	
		老师评	家长评
7	了解小鸡的主要外形特征		
8	了解小鸡的生活习性		
9	懂得照顾小鸡的方法		
10	喜欢小鸡，愿意和小鸡做朋友		

 班本绘本剧《母鸡萝丝去散步》

【绘本分析】

绘本故事《母鸡萝丝去散步》以幽默的内容和夸张的人物形象，展现出狐狸的屡屡挫败和母鸡的悠然自得，告诉大家在遇到困难或者危险的时候该如何去面对。母鸡萝丝出门去散步，却未发现狐狸尾随其后，经过农家院时，狐狸不小心踩到了钉耙，钉耙狠狠地打在了它的脸上。萝丝绕过池塘，狐狸扑了个空，栽到了池塘里。最终，萝丝发现了狐狸，想了一个办法使狐狸撞翻了蜂房，狐狸被蜜蜂围攻吓得逃走了，母鸡萝丝则安全回到了鸡舍。

【剧本分析】

通过研读绘本故事《母鸡萝丝去散步》，发现整个故事以"母鸡散步"为主线。可以将整个绘本分成三部分：第一部分——母鸡悠然自得地散步没有发现狐狸的场景；第二部分——母鸡发现狐狸想办法赶走狐狸的场景；第三部分——母鸡安全到家的场景。母鸡勇敢战胜狐狸的故事，让孩子们知道在遇到困难危险的时候不要害怕，冷静下来想办法一定可以成功。整个剧本充满喜剧色彩，人物的刻画生动形象，能够激发幼儿的兴趣。

【编剧】马莉　钱玉溢

【演员表】

母鸡——煜鑫

狐狸——之怡

小青蛙——思远、梓悦

小老鼠——嘉奕、嘉扬

山羊——宗洋

小蜜蜂——皓睿、泓宇

鸡妈妈——瑾源

【道具准备】

母鸡服装、狐狸服装、动物头饰若干、面粉、绳子、钉耙、栅栏、石头。

【场景布置】

农场背景图、鸡舍、池塘、草堆、蜂房背景图等。

【剧本正文】

序幕：

一天早晨，母鸡萝丝伸了伸懒腰，准备出门去散散步，它走出了鸡舍。

（背景音乐：《小鸡小鸡》）

第一幕：萝丝出场（农家院）

母鸡："咯咯哒，咯咯哒，我叫萝丝，我是一只爱散步的母鸡。"

狐狸："咦，这不是又肥又大的母鸡萝丝吗？看来我今天可以饱饱地吃一顿啦，哈哈哈哈哈哈。"

旁白：狐狸蹑手蹑脚地跟着母鸡，母鸡来到了农家院，农家院里开满了鲜花。

母鸡："哇，好香的花儿呀，花儿真漂亮，有黄的、蓝的、绿的，真美啊。"

旁白：狐狸看到母鸡萝丝专注地欣赏着花，正准备扑上去，没想到踩在了钉耙上面。

狐狸："哎哟，哎哟，我的头，疼死我了，倒霉，倒霉，真倒霉。"

第二幕：池塘

旁白：萝丝并不知道狐狸跟在身后，依然开心地走着，它来到了池塘边，遇到了小青蛙。

小青蛙："你好，萝丝，你看起来心情不错呀！"

（背景音乐：《小跳蛙》）

母鸡："你好，小青蛙，我出来散散步，多运动才能保持身体健康呀。"

旁白：母鸡准备继续走，这时狐狸跟上来了。

小青蛙小声地对萝丝说："萝丝，萝丝，快跑啊！"

旁白：可是萝丝并没有听见，它小心地绕过池塘，狐狸一扑，只听见扑通一声，狐狸一不小心栽倒在池塘里，浑身都湿透了。

狐狸哆嗦着说："哎呀，哎呀，我狐狸这么聪明，居然掉进了池塘里，真倒霉。"

第三幕：干草堆

旁白：萝丝继续昂着头走着，它来到了干草堆，看见地上掉了许多米粒。

母鸡："鼠兄弟，鼠兄弟，你们的米粒掉啦！"

小老鼠们："嘘，谢谢你萝丝，我们等会儿再来搬！"

母鸡："咦，奇怪，为什么鼠兄弟突然跑了，连米粒都不要了？"

山羊伯伯小声说："萝丝，萝丝，快跑啊。"

旁白：萝丝感到很奇怪，于是它躲在草堆后，看见狐狸正跟在自己后面。

母鸡："原来狐狸一直跟在我的后面，看我怎么赶走它。"

旁白：萝丝并没有害怕，继续走着，狐狸跳起来准备扑向它，可是干草堆又松又软，狐狸重重地摔在了地上，咬了一嘴的干草。

狐狸："哎呀，哎呀，真是倒霉，我怎么这么不小心。萝丝，我一定会抓到你的。"

第四幕：磨面房

旁白：萝丝来到了磨面房，它冷静下来想了想，看到磨面房的地上有根绳子，正好拴着一袋面粉。

母鸡："哈哈哈，有办法了。"

旁白：萝丝一脚踩到了拴着面粉的绳子，面粉咚地掉了下来，正好砸在了狐狸的头上，迷到了它的眼睛。

狐狸："哎哟，哎哟，我的眼睛，我的眼睛看不见了，萝丝，我一定要抓到你。"

母鸡："哈哈哈，可恶的狐狸，让你跟着我，看我怎么把你赶走。"

第五幕：蜂房

旁白：母鸡萝丝走过了篱笆栅栏，它看见栅栏后面有许多小石头。

母鸡："我把小石头放在这里，狐狸跳过来一定会摔倒的。"

狐狸："哈哈哈，萝丝，这回你可跑不掉了。"

旁白：狐狸一跳，翻过栅栏，没有看见地上有石头，摔了一跤，扑倒在了小蜜蜂的蜂房旁，而母鸡从蜂房的底下钻了过去。

小蜜蜂："天哪，就是它，就是这只狐狸撞倒了我们的家，我们一起把它赶走吧！"

狐狸："对不起，我不是故意的，别蜇了，别蜇了！"

旁白：狐狸被蜜蜂围攻，吓得逃走了，而母鸡也快到家了。

第六幕：鸡舍

旁白：萝丝回到了鸡舍，和妈妈讲着倒霉狐狸的故事。

鸡妈妈："萝丝，你真棒，你真是一个聪明勇敢的孩子。"

（背景音乐：《我是一个勇敢的孩子》）

母鸡："咯咯哒，咯咯哒，我叫萝丝，我是一只聪明勇敢的母鸡。"

旁白：小朋友们遇到危险时不要害怕，多开动脑筋想想办法，一定会成功的。

（案例提供：马莉老师）

案例4　级本考察活动（大班年级组）：萌娃探气象

一、考察项目来源

根据大班幼儿的年龄特点，我们在中班自主签到的基础上增加了天气板块，加上今年 3 月多变的天气状况，让大班的小朋友对天气产生了浓厚的兴趣，在晨间谈话的时候总是积极地争当天气小主播。而"小小气象播报员"的活动不仅让孩子们走进了奇妙的气象世界，还锻炼了孩子们的语言表达能力。播报结束后，除了得到本班"小观众"的鼓励，"小小气象播报员"们还在带领下到其他平行班级去展示，收获了小朋友们的一致好评，引发了大班幼儿对气象的探究兴趣！

二、考察资源分析

（一）园外资源分析

气象台是为国民经济建设和国防建设服务的气象机构。陈鹤琴先生说过，"大自然、大社会都是活教材"（见图 5-50）。所以，为了让孩子们更好地了解生活中的天气现象，了解气象局工作人员的主要工作范畴，认识监测天气的一些特殊仪器和工具，感受科学技术的无限魅力，在世界气象日（3 月 23 日）到来之际，大班组的孩子们在老师的带领下去丹徒区气象局参观（见图 5-51、图 5-52）。

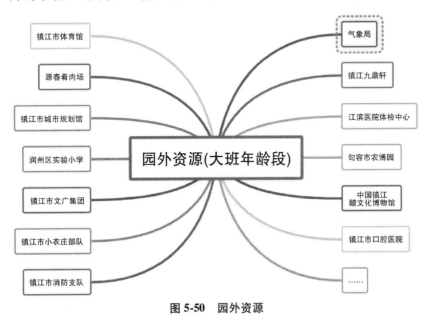

图 5-50 园外资源

图 5-51　参观气象局（室外）　　　图 5-52　参观气象局（室内）

（二）园内资源分析

春天的微风、夏天的雷雨、秋天的落叶、冬天的雪花，大自然通过变化的气候带给我们一年四季的浪漫与美丽。在幼儿园里，结合孩子的兴趣和年龄特点，我们开展了相关的科学探究活动。教师从多个角度、多个方位、多种功能着眼，提供了丰富的有关气象的小实验的材料，鼓励幼儿积极主动地运用这些材料去探索更多的气象奥秘。在户外探索的时候，孩子们三五成群，在自己的小天地里畅快地探索，教师仅提供最原始的材料，如气球、报纸、方便袋等。孩子们在这简单的探索中获得了知识，得到了成长，学会了交流、协作，也学会了自己解决问题。

三、考察项目目标

① 走进丹徒气象局，开展气象科普体验活动，主动探索气象的科学奥秘，全面了解气象知识。

② 观看气象科普宣传片，专题了解各种天气的形成原理及预防气象灾害的相关知识。

③ 通过图文表征的内容，进一步激发对气象的想象和探究兴趣，并理解环境和气候之间的紧密联系。

四、考察研究线索

童心探气象思维导图见图 5-53。

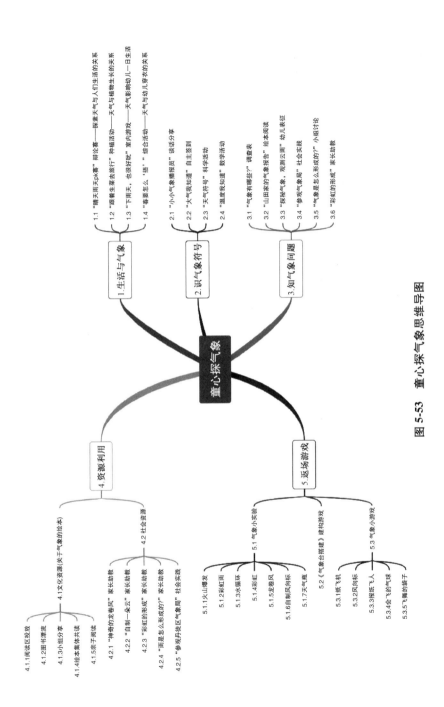

图 5-53　童心探气象思维导图

五、考察项目实施

（一）晴天雨天 PK 赛

晴天我们可以进行户外活动，下雨天我们却只能在教室里活动。大一班的小朋友开展了关于晴天和雨天的优缺点的辩论赛，分别有以下几个论点：

论点一：晴天好，晴天可以吃冰激凌。

论点二：雨天好，雨天可以玩水。

论点三：晴天方便。

赛场上，小小辩论手各抒己见，大家积极思考，发表自己的观点，辩论非常激烈。

我们的想法　辩论是当下在幼儿园语言教育领域逐渐兴起的一种学习形式，对幼儿语言综合运用能力、独立性与批判性思维能力，以及社会性的发展均具有很高的价值。它要求幼儿在理解论题的基础上，以简洁、准确的语言表达自己的观点。在此过程中，幼儿的语言理解、倾听和表达能力都能够得到锻炼与提升。举办辩论会，能碰撞出思想的火花，激励幼儿在实践中不仅要知其然，还要知其所以然。

（二）跟着生菜去旅行

属于大二班的种植园地还空着，这个季节、这个温度，究竟可以种些什么植物呢？大二班的小朋友们就此展开了激烈的讨论。

讨论一：我们的菜地种什么？（关键词：季节特点）

讨论二：怎么种植生菜？（关键词：温度、湿度）

我们的想法　孩子们在春季对户外温度、湿度进行探索，或许发现了很多有趣的事。在孩子们经历一系列探究活动后，他们的感性经验逐渐转化为理性经验。在探究过程中进行小组合作、记录、讨论与分析春天可以种植哪些蔬菜，便于幼儿进行种植投票，了解种子发芽所需的温度、湿度。

（三）下雨天，也可以很好玩

下雨天，自然环境会变得更为复杂，我们的教学及活动计划都会因为雨天而被迫调整。为了应对这种情况，我们决定充分激发孩子们的想象力，利用室内的各项条件，开展各种互动游戏。下雨天也不能阻挡我们锻炼身体，可是教室里面该怎么布置呢？大三班的小朋友们就此展开了大讨论。

① 下雨天室内互动游戏大讨论［关键词：室内游戏（见图5-54）、室内区域游戏（见图5-55）］。

② 雨天室外自由探索

我们的想法　在自然教育的过程中，幼儿不仅要欣赏自然之美，也要理解自然本身存在的多面性。在自然界中，不存在绝对的好坏天气之分，即便在雨天，幼儿也可以依据雨的各种特性来进行学习和游戏，感受雨的神奇和魅力，体验不一样的快乐和成长。

图5-54　室内游戏

图5-55　室内区域游戏

（四）小小气象播报员

不同的天气对人们的生活有不同的影响，孩子们还想了解更多关于天气的知识，于是我提示他们可以收看中央电视台的《天气预报》去感受不同的气象，并思考如下问题：

问题 1：天气预报有什么？

问题 2：我认识哪些天气符号？

通过对现代天气预报的了解，小朋友们纷纷表示天气预报很重要，也想当一回小小天气预报员。孩子们仔细观察监测工具的数据变化，每日播报的样子还真是像模像样呢（见图 5-56）。

图 5-56　小小天气预报员

我们的想法　从自主预约、确定播报内容到优化播报稿，孩子们用数字、图画、图表或其他符号记录日期、天气、温度、出行提醒等事项，并在角色扮演中学会担当、锻炼表达、获得自信。

（五）识气象符号

气象符号也称为天气标志、天气符号，是用于表示天气的一种简易符号，一般常用于表示晴、多云、小雨、雾等天气状况。

讨论一：天气符号有哪些？

讨论二：能否增设天气签到？

教师与孩子一起总结已知的天气，并引导孩子们认识常见的天气符号。

我们的想法　游戏化签到的形式虽然有趣，但无法分析一周的出勤情况，也无法将自身发展与同伴进行对比。于是，孩子们开始设计一周统计表。经过设计与讨论，孩子们一致同意在签到时通过绘画、符号表征等方式记录自己当天的心情、天气或其他信息等，还加入了同伴合作的任务型签到方式。另外，认识天气符号激发了幼儿对文字和符号的兴趣，为以后尝试用符号、图画等表达特定意思的"前书写"做准备。

（六）温度我知道

在了解了天气符号、天气预报之后，孩子们又有了新的疑问：天气预报是如何产生的？天气预报是怎么知道明天是晴天还是下雨天的？温度是用什么测量的？

带着这些问题，孩子们展开了探讨。

琪琪："我们的体温计可以用来测量今天的温度吗？"

昊昊："那可不行，测量气温要用专门的温度计。"

孩子们通过小组讨论的方式分别选择了不同的方法来记录温度数据，并精心制作了记录表。孩子们观察各组在不同时间和地点的测温记录结果，对数据进行分析和对比。

我们的想法　经过讨论，幼儿一起回顾温度计的读数方法，并且通过温度计知道了室内的温度。怎样才能确定哪里凉快哪里热呢？温度会受哪些因素影响？在"认识温度计"的系列活动中，孩子们的专注度和参与度有了极大的提高。在记录活动中，他们以认真、严谨的态度，补全缺失的刻度和数字符号，让我们看到了孩子们在玩中学的学习成效，也使我们真正感受到兴趣对孩子们学习的助力作用。

六、返场游戏

返场游戏包含区域游戏（见图 5-57 至图 5-62）和户外探索游戏（见图 5-63 至图 5-65）两部分，旨在丰富幼儿的体验并加深其对于考察内容的理解。

图 5-57　模拟火山爆发

图 5-58　自制风向标

图 5-59　自制天气瓶

图 5-60　自动气象站

图 5-61　自动雨量站

图 5-62　风速风向传感器

图 5-63　报纸"飞人"

图 5-64　飞舞的袋子

图 5-65　纸飞机

七、考察完成感悟

《指南》明确指出，幼儿科学学习的核心是激发探究兴趣。我们的气象局之行，就是秉持这一核心原则，用发展的眼光，促进幼儿多方面的和谐发展。经过多渠道的学习，幼儿对于气象的直接经验与间接经验都实现了飞跃式的增长。结合布鲁纳的认知结构学习理论，我们再次请幼儿利用思维导图和图片表征的方式梳理和回顾此次活动（见图 5-66 至图 5-71），一方面帮助幼儿整理已有经验，梳理知识层级关系，培养幼儿的发散性思维与聚合性思维，另一方面使幼儿的思维形象化，有助于成人了解幼儿的思维方式和认知情况。气象是重要的自然科学门类，气象科普知识是人类生存的必备知识，幼儿园致力于提供各类不同的社会实践平台，帮助幼儿掌握更多必要的气象科普知识，提高幼儿规避自然灾害的能力。

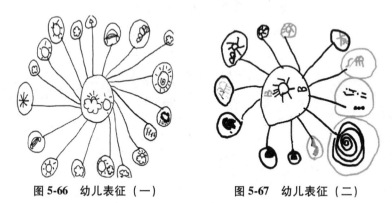

图 5-66　幼儿表征（一）　　　　　图 5-67　幼儿表征（二）

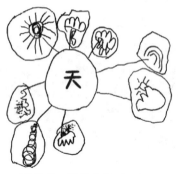

图 5-68　幼儿表征（三）

图 5-69　气象台是什么样子的？

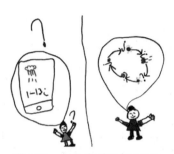

图 5-70　怎么查看天气预报？

图 5-71　如何分享天气预报?

气象台考察活动方案

第一部分：前期活动

① 天气和我们的生活（绘本分享）：各班通过绘本《山田家的气象报告》了解气象知识，积累探索经验。

② 认识气象符号：幼儿和家长一同进行前期调查，了解都有哪些天气符号及简单的气象变化；幼儿入园签到时，通过观察天气和温度计进行天气记录。

③ 小小气象员：观看每日中央电视台的《天气预报》，邀请幼儿播报当日天气。

④ 气象趣味问答：教师搜集资料，与幼儿分享一些有趣的天气小常识。

⑤ 我的气象小疑问：收集幼儿的一些关于气象的问题，待参观气象局后进行表征和表达。

第二部分：年级组活动

活动名称：童心探气象——大班年级组参观气象局科普活动。

活动时间：2023 年 3 月 15 日（周三）。

活动地点：丹徒气象局。

活动准备：安排解说员、购买师生保险、确定车辆、准备科学手工材料包等。

活动对象：大班年级组。

活动具体流程及内容：

8：40—9：10 前往气象局。

9：10—9：40 在气象工作人员的带领和解说下，近距离体验、识别、了解监测风向、风速、气温、湿度、能见度、降雨量等的专业仪器设备，初步掌握地面气象的观测、记录、采集、发布过程。

9：40—10：00 观看气象科普宣传片，专题了解各种天气的形成原理及预防气象灾害的相关知识。

10：00—10：30 举行以"风向标"为主题的科学小制作活动。

10：30—10：50 前往南山西入口樱花大道。

10：50—11：50 寻找美丽的春天，赏樱，在草坪上做游戏。

12：00 返程回校。

（案例提供：欧阳莉老师）

案例 5　园本主题活动：祖国母亲我爱您

一、主题分析

国庆节是祖国母亲的生日，为了让幼儿了解 10 月 1 日是国庆节，我们在节日期间组织了丰富多彩的活动。在这个举国欢庆的日子里，孩子们与家人欢聚一堂，这种团聚的氛围，让孩子们感受到了家的温暖。通过与家人的互动，孩子们得以深刻理解国庆节作为祖国母亲生日的重大意义。这些知识和体验在孩子们的心中留下了深刻的印记。

此外，为了让孩子们感受到中华民族这个大家庭的多元与包容，我们还组织了一系列活动，如欣赏各地游览的照片和录像、收集并展览各地的特产等。这些活动不仅让孩子们领略了祖国山河的壮丽美景，更加深了他们对祖国地大物博的认识。同时，这些活动也激发了孩子们对各民族风俗习惯的兴趣和对祖国的热爱之情，增强了他们作为中国人的自豪感。

二、主题目标

（1）总目标

① 知道国庆节是我国的一个重要节日，增进对国庆节的了解。

② 在多种多样的活动的引导下积极参与为祖国母亲庆生的活动，在活动中进一步激发爱国主义情感和民族自豪感。

③ 感受节日氛围，激发热爱祖国的情感，为自己是中国人感到自豪。

（2）各年龄段目标

3~4 岁目标：

① 初步了解国庆节，知道 10 月 1 日是祖国母亲的生日。

② 通过老师讲解、看图片、自己动手制作等一系列环节感受节日的热烈气氛。

③ 在参与节日游戏中萌发热爱祖国的情感。

4~5 岁目标：

① 知道自己是中国人，了解中国的名胜古迹和重要物产。

② 知道中华民族是个多民族的大家庭，初步了解各民族的传统文化，激发喜爱各民族的情感。

③ 积极参与丰富多彩的游戏活动，体验庆祝国庆的快乐。

5~6 岁目标：

① 简单了解节日的来历，知道其全称、日期和意义。

② 认识国旗，懂得保护国旗。

③ 了解红色故事、英雄事迹，弘扬英雄精神，培养爱国情怀。

④ 感受节日氛围，激发热爱祖国的情感，为自己是中国人感到自豪。

三、主题线索

主题线索见图 5-72。

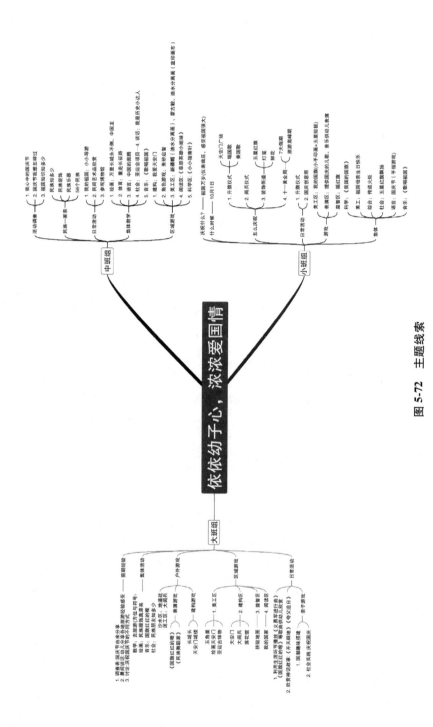

图 5-72　主题线索

四、主题实施

（一）迎国庆

迎着初升的朝阳，幼儿园的小小护旗手将国旗冉冉升起（见图5-73），园长妈妈和幼儿代表在国旗下讲话，用真挚的话语表达出对祖国母亲的祝福（见图5-74）。在《祝福祖国》的歌声中，全体师生挥舞着手中的国旗，歌声汇聚在一起，是我们对祖国母亲最好的表白和祝福！

图 5-73　小小护旗手升国旗

图 5-74　园长妈妈致辞

（二）知国庆

为什么国庆节是10月1日？祖国母亲是什么样子？为了加深孩子们对国庆节的了解，小班老师带领孩子们开展了五大板块的主题活动，旨在帮助幼儿了解国庆、培养兴趣、增长知识。此次活动加深了幼儿对祖国的热爱（见图5-75）。

图5-75　向祖国母亲敬礼

（三）颂国庆

缅怀过去，我们牢记先辈沉甸甸的嘱托；面向未来，我们为祖国续写新的篇章。我们通过讲红色故事、歌颂祖国等活动忆往昔峥嵘岁月（见图5-76、图5-77）。

图5-76　幼儿讲红色故事（一）

图5-77　幼儿讲红色故事（二）

孩子们用力挥动国旗、热情绽放笑脸，《我爱你中国》《闪闪红星》既唱出了五星红旗的神圣，又唱出了英雄们的坚毅，更唱出了大家对祖国深深的爱意（见图5-78、图5-79）。

图 5-78　集体歌唱《我爱你中国》

图 5-79　"祖国在我心中"音乐会

孩子们在这一系列精彩的活动中感受到了中国红色文化的特色，体验了中国节日的乐趣，更积累了对民族文化礼节的认识，这种浓浓的爱国氛围滋养着孩子们赤诚的爱国之心。

（四）晓革命

（1）品读红色故事　传承红色基因

先烈的事迹如一颗鲜红的流星，随时光渐渐消失的是他们的躯体，不可磨灭的是他们划过星空留下的伟大足迹。我们邀请党员家长走进课堂宣传爱国主义教育（见图 5-80、图 5-81）。

图 5-80　党员家长进课堂（一）

图 5-81　党员家长进课堂（二）

红色故事的分享，展示了红军战士不怕吃苦、勇于牺牲的精神，同时也回顾了改革开放以来我国取得的成就和发生的变化，使孩子们意识到了美好生活的来之不易。

（2）重温红色电影　珍惜当下生活

通过集体谈话、家长助教、查阅资料、重温红色电影（见图 5-82）

等一系列的活动，孩子们知道了现在的幸福生活是千千万万革命烈士用自己的鲜血换来的，是一代代先辈努力奋斗来的。孩子们用自己的方式向为新中国成立做出贡献的英雄们致敬，为祖国母亲献上最美好的祝愿！

图 5-82　重温红色电影

（五）重走"长征路"

　　红军战士们走过了万水千山，克服了重重艰难险阻，终于完成了二万五千里长征，最终取得了长征的胜利……那我们的"长征行"需要准备什么呢（见图 5-83 至图 5-85）？

图 5-83　讨论："长征行"准备什么？

图 5-84　亲子设计路线

图5-85　亲子设计的队标

"红军不怕远征难，万水千山只等闲。""小战士"们身着红军服，带着一颗颗好奇、憧憬的心，精神抖擞、喊着口号、迈着坚定的步伐踏上自己的"长征路"（见图5-86、图5-87）。

图5-86　飞鹰队走"长征路"

图5-87　雄狮队整装待发

"烽火连三月，家书抵万金。"一封封家书蕴藏着"老红军"对"小红军"的殷切期盼（见图5-88、图5-89）。

图5-88　读家书（一）

图5-89　读家书（二）

接下来，我们的这群“小红军”也在道道障碍中迎接挑战，突出重围，勇闯难关，通过挑战竞赛的形式，感受红军长征迎难而上的艰难与不易（见图5-90）。

图5-90　“小红军”和家长合影

第一关：“四渡赤水”

红军都是钢铁汉，千锤百炼不怕难，冲破封锁线志在必得！孩子们一个个俯身前行，直至终点（见图5-91）。

图5-91　游戏：“四渡赤水”

第二关：“巧渡金沙江”

在面对内心的恐惧时，孩子们知道了要勇于克服困难，战胜自己。跟着“小红军”的脚步一起“巧渡金沙江”吧（见图5-92）！

图 5-92　游戏："巧渡金沙江"

第三关："强渡大渡河"

"小红军"们勇敢向前，不怕艰难（见图 5-93）。

图 5-93　游戏："强渡大渡河"

第四关："飞夺泸定桥"

"小红军"们来到了最后一关，让我们跟着孩子们一起感受"飞夺泸定桥"的英勇精神吧（见图 5-94、图 5-95）！

图 5-94　游戏："飞夺泸定桥"（一）　　图 5-95　游戏："飞夺泸定桥"（二）

"小红军"们突破千难万险，跨越重重障碍，跌倒了也不放弃，最终取得了胜利！

（六）唱"红歌"

"没有共产党就没有新中国……""红歌"代表着一个时代，传递着一种能量、一种信仰、一种情怀。到达目的地之后，孩子们在胜利会师之际集体唱起了"红歌"（见图 5-96、图 5-97）。

图 5-96　唱"红歌"　　　　　图 5-97　警察家长采访"小红军"

生长在繁荣富强的新时代，我们是幸福的一代，但我们决不能忘记革命烈士抛头颅、洒热血的英勇事迹。我们要铭记历史，汲取力量，赓续红色血脉，传承红色基因。

五、主题反思

为使孩子们从小就树立热爱祖国的意识，在庆祝祖国母亲生日时，我园开展了"祖国母亲我爱您"系列活动，引导幼儿萌发热爱祖国的感情。孩子是稚嫩的，但是他们爱祖国的情感却是最纯真、炙热的。我们相信，一颗颗爱国的种子已在他们幼小的心灵里悄然种下。饱经风霜的祖国孕育着蓬勃的希望，祝福伟大的祖国永远繁荣昌盛！

六、主题活动方案

"忆苦思甜　重走'长征路'"主题活动方案

（一）设计意图

2023年10月1日是我们祖国母亲的生日，在这个重要的日子里，为庆祝中华人民共和国成立74周年，我们齐聚一堂，共同为我们祖国母亲的74华诞喝彩。为了重拾长征记忆，弘扬长征精神，激起幼儿对红军的敬意，使幼儿萌发爱国意识，我园开展"忆苦思甜　重走'长征路'"亲子主题活动。

（二）活动目标

① 让幼儿知道10月1日是国庆节，通过各种不同形式为祖国母亲庆生。

② 让幼儿体验"长征路"，感受红军不怕艰难险阻的牺牲精神，从而激发幼儿爱国热情。

③ 引领幼儿了解镇江西津渡、润扬大桥、火车站等城市建设，亲身感受家乡日新月异的发展变化，进而萌发对家乡的自豪感。

④ 使幼儿明白今天的幸福生活来之不易，深刻领悟"没有国就没有家"的含义。

（三）活动时间

2023年9月30日。

（四）活动准备

① 电子邀请函。

② 各班一面大旗帜、各站点卡片定制、游戏材料。

③ 各班亲子队标设计（一班：飞鹰队；二班：雄狮队；三班：猛虎队；四班：天狼队）。

④ 亲子服装（各班老师将亲子服购买链接发给家长，请家长提前购买）。

⑤ 亲子游戏材料准备：

游戏一："四渡赤水"（长绳、垫子若干）。

游戏二："巧渡金沙江"（蓝色长布）。

游戏三："强渡大渡河"（伪装网）。

游戏四："飞夺泸定桥"（家长手搭手成桥）。

⑥ 调查表："长征"线路调查表、"长征"活动准备表。

⑦ 前期经验：各班通过集体活动、谈话活动等了解长征故事。

⑧ 教师提前踩点并绘制活动线路图（见图5-98）。

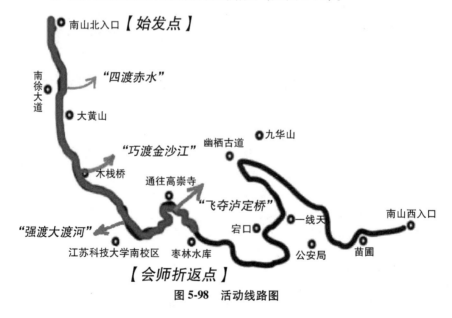

图 5-98 活动线路图

（五）活动流程

① 上午 9：00 南山北广场集合，举行誓师大会。

② 上午 9：10 错峰出发，唱"红歌"、送家书。

③ 开启"长征之路"，体验长征艰难险阻：

"四渡赤水"—"巧渡金沙江"—"强渡大渡河"—"飞夺泸定桥"—胜利会师。

每个站点安排一名讲解员（家长志愿者），先出发的班级到达站点后先听讲解，再轮流进行此站点游戏（由本班教师负责组织游戏）。游戏结束后，各班一位教师负责给本班幼儿发放该站点的卡片，随后继续出发前往下一个站点。后面各班到达站点后流程同上。

④"军团"胜利会师：

各班到达后，唱红歌、跳庆祝舞。所有班级均到达后，会师合影留念，结束活动。

（案例提供：马小美、薛雯静老师）

案例 6　园区游学交流活动：小兵成长记

一、游学项目来源

为了给即将踏入小学校园的幼儿奠定良好的行为基础，强化纪律意识，规范言行举止，增强团结友爱精神，天和园区与中海园区的大班年级组特别开展了园区交流活动——"军梦筑童年，小兵励成长"国防教育夏令营活动。

二、游学资源分析

国防活动中涉及诸多队列变化和障碍物赛跑活动，故对活动场地面积和户外器械资源数量、种类等要求较高。当前正值夏季，天气较热，为避免幼儿发生中暑等情况，需要有大片阴凉的运动场地。结合场地资源要求，我们对各园区内的资源进行了深入分析。天和园区的户外场地较小，且只有一个南操场，夏日阳光强烈，该场地难以支持幼儿参加长时间的户外训练活动。中海园区有南北两个操场：南操场面积较大，足以容纳400名幼儿同时开展大型集体活动；北操场较为阴凉，分为两块独立区域，可分别开展不同活动，且有栅栏墙面，便于进行氛围创设和游戏改造。

我们综合审视集团化办园下不同园所的资源，最终选择拥有户外场地的中海园区作为本次活动场地，这一方案的确定实现了园所之间课程资源的统整与共享。

三、游学项目目标

① 进一步构建课程资源"园区内地图"，实现从单一幼儿园周边课程资源的构建，到集团化办园下园区资源的共享。

② 通过各种游戏任务，加强两园区幼儿的团结友爱精神，增进友谊。

③ 使幼儿初步了解国防相关知识，激发作为一个中国小公民的自豪感。在国防训练活动中，做到不怕苦、不怕累，增强体质，提高自我控制能力。

四、游学项目线索

"军梦筑童年，小兵励成长"园区交流活动历时两周，园区内教师、行政人员和部队官兵进行了初步规划，如时间、地点的选择，以及活动内容的确定，从而形成了初步的课程方案。在课程方案的基础上，各园区教师与本班级孩子进行了讨论、交流，各园区选出4名幼儿参与园区活动"儿童议事会"。在"儿童议事会"中，孩子们各抒己见，园区行政人员根据幼儿的表述，梳理、绘制出了本次主题活动的思维导图（见图5-99）。

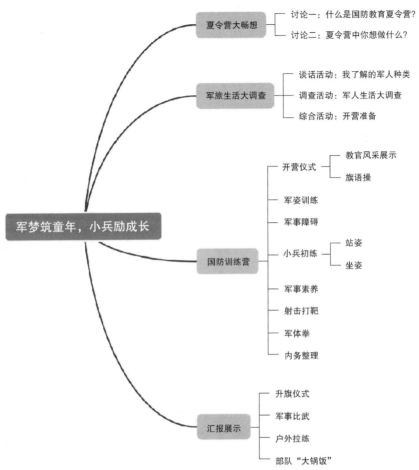

图 5-99 "军梦筑童年，小兵励成长"主题活动思维导图

五、游学交流过程

（一）夏令营大畅想

1. 讨论一：什么是国防教育夏令营？

围绕夏令营话题，孩子们展开了热烈的讨论……孩子们对这次国防教育夏令营都有自己的想法和理解（见图 5-100、图 5-101）。

倩倩："夏令营就是学习军人站立、走路、敬礼的样子。"

一一："我们可以穿着和军人一样的衣服，立正、齐步走。"

泡泡："夏令营就是体验军人的生活。"

2. 讨论二：夏令营中你想做什么？

孩子们纷纷拿起画笔，用画作表达出自己的心愿，如：我想学习军人规范的站姿（见图5-102）；我想体验一下各种军事游戏（见图5-103）；等等

图 5-100　幼儿表征：国防夏令营是什么　图 5-101　幼儿表征：国防夏令营是什么

图 5-102　儿童画：夏令营可以
做什么（一）　　　　图 5-103　儿童画：夏令营可以
做什么（二）

（二）军旅生活大调查

1. 谈话活动：我了解的军人种类

在活动前，老师们安排孩子们回家和爸爸妈妈一起通过上网搜

索、查看书籍等方式了解不同军种，并将查阅的资料发给老师。活动中，孩子们展示出自己查阅的资料，并和同伴们分享，从中了解到原来军人的种类有很多，比如空军、海军、陆军等（见图5-104）。

图 5-104　观看不同军人的视频

2．调查活动：军人生活大调查

了解军人的分工后，孩子们对军人每天的生活产生了浓厚的兴趣。于是，教师趁热打铁，设计出"军人生活大调查"调查表，让孩子们对军人每天的生活有了更深的了解（见图5-105、图5-106）。

图 5-105　幼儿设计"军人生活大调查"调查表

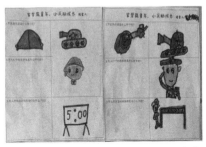

图 5-106　"军人生活大调查"调查表

3．综合活动：开营准备

在开展活动前，老师带领孩子们唱军歌、练口号（见图5-107、图5-108）。孩子们认真地学习着，夏令营活动深深吸引着他们去探索。

图 5-107　教师带领幼儿唱军歌

图 5-108　教师带领幼儿练口号

（三）国防训练营

1. 开营仪式

小兵们排着整齐的队伍，齐聚在操场上，在教官的带领下进行了庄严的升旗仪式（见图 5-109）。随着庄严雄壮的国歌奏响，鲜艳的五星红旗冉冉升起。园长妈妈为小兵们送上寄语，鼓励孩子们不要怕苦，要勇于担当，学习军人叔叔的好品质、好习惯。

图 5-109　开营仪式

2. 教官风采展示

看到教官叔叔们的展示（见图 5-110、图 5-111），孩子们对接下来的国防教育夏令营充满了好奇心。

图 5-110　教官叔叔演习展示（一）　　图 5-111　教官叔叔演习展示（二）

3. 旗语操

在教官们的带领下，小兵们学习了"我爱你中国"旗语操，挥着手中的彩旗，口中说着"祖国母亲我们爱你"（见图 5-112）。

图 5-112　学习旗语操

4. 军姿训练

站军姿也是一项本领。教官用自己坚韧、威武的军人形象，影响和指导着小兵们，小兵们用挺拔的军姿，展示了朝气蓬勃的精神面貌（见图 5-113）。

图 5-113　体验站军姿

5．军事障碍

通过练习钻爬、跨越等动作，加强小兵们的身体力量和动作协调能力，培养孩子们顽强拼搏的战斗精神，也让孩子们收获了自信心和满足感（见图 5-114）。

图 5-114　军事障碍游戏

6．小兵初练

小兵们学习了规范的站姿、坐姿，他们那神气又专注的眼神，以及嘹亮的口号声充分展现了他们的自信和坚毅（见图 5-115）。

图 5-115　练习军姿

7. 军事素养

教官向小兵们介绍了解放军军衔等级，又通过视频展示了我国的飞机、火箭、航母，小兵们拍手赞叹我们的中国真厉害（见图 5-116）。

图 5-116　了解军事知识

军歌是战士的心声、军队的灵魂。小兵们喊出整齐的口号，唱着嘹亮的军歌，展示着他们独特的风采（见图 5-117）。

图 5-117　唱军歌

8. 射击打靶

操场上，阳光下，小兵们昂首挺立，进入"射击场"。"砰砰砰"，一声声铿锵有力的射击声从孩子们手中的机枪传出。孩子们亲身体验了一番"神枪手"的训练日常，动作标准，姿势帅气（见图 5-118、图 5-119）。

图 5-118　集体练习射击打靶

图 5-119　教官指导射击打靶

9. 军体拳

教官们给大家演示了一套军体拳，其洪亮的口号和整齐划一的动作深深地吸引着孩子们的目光（见图 5-120）。小兵们练习时，每个动作都做得无比认真，他们专注的眼神、威武的姿势尽显小兵的风采（图 5-121）。

图 5-120　教官演示军体拳

图 5-121　幼儿练习军体拳

10. 内务整理

内务整理可以培养幼儿吃苦耐劳的精神，引导他们养成良好的生活习惯，使孩子们萌发出自己的事情自己做的愿望。教官向孩子们示范叠被子的方法，在简单的几个动作之后，被子立马变成了四四方方的"豆腐块"（见图5-122）。孩子们认真地学了起来

图 5-122　教官演示内务整理

（见图5-123），一遍又一遍地尝试，坚持不懈的精神让他们慢慢体会到成功的喜悦！在教官的指导和自己的不断练习下，孩子们的小被子也叠成了"豆腐块"的样子（见图5-124）。

图 5-123　幼儿体验内务整理

图 5-124　教官评价幼儿内务整理

（四）汇报展示

经过3天的训练，我们看到了孩子们从萌娃到小兵的成长蜕变。

1. 升旗仪式

上午，在庄严的升旗仪式后，孩子们开始了他们的展示。在整个过程中，孩子们展现出了昂扬的精神面貌，无论是在军姿、旗语操，还是在军事障碍展示中，每一位小兵都饱含激情和斗志。每一声嘹亮的口号，每一次有力的挥拳，均彰显出小兵们吃苦耐劳、积极向上的精神风貌（见图5-125）。

图5-125　汇报展示

2. 军事比武

小兵们在汗水中学会了坚强勇敢，在训练中学会了团结协作。在军事比武活动中，他们并肩作战，向着胜利勇敢拼搏，并在这个过程中学会了关心与感恩（见图5-126、图5-127）。

图5-126　汇报展示：军事比武（一）

图5-127　汇报展示：军事比武（二）

3. 户外拉练

穿上军服，化上迷彩妆，小兵们个个精神抖擞，神气十足，跟随教官去徒步拉练（见图5-128）。

图 5-128　户外拉练

4. 部队"大锅饭"

军旅生活的"大锅饭"也是孩子们十分期待的，自主盛饭、饭桌礼仪等环节加深了两个园区孩子们的"战友情"，也纠正了一些孩子的不良饮食习惯（见图5-129、图5-130）。吃完饭后，两个园区的孩子们一起谈论这几天的生活，有的依依不舍，有的相拥而泣，大家都十分珍惜这段难忘的相处时光。

图 5-129　体验军旅"大锅饭"（一）

图 5-130　体验军旅"大锅饭"（二）

此次夏令营活动不仅加深了孩子们对国防教育的了解，也在孩子们心中播下了一颗军人梦想的种子。活动培养了幼儿吃苦耐劳的品质，为孩子们开始新的征程储备了能量，相信孩子们在夏令营中所表现出的不怕困难、团结协作、积极向上的精神一定会在未来绽放出闪耀的光芒。

五、游学交流反思

我园借助集团化办园的优势，对天和园区、新城园区和中海园区的资源加以充分利用，进行园区之间的"资源同享"与"差异挖掘"，为孩子们营造了适宜的课程学习环境。在本次的国防游学活动中，我们深入分析了国防课程内容，充分借助中海园区户外资源，以获取最佳效果，让各园区在联合化办学中承担不同的职责，呈现多姿多彩的样态。在这个过程中，两个园区的孩子们拓宽了视野，提升了社会交往能力和团结合作精神。本次活动共计两周时间，对每个孩子来说，这是一场体验军旅生活的活动，也是一场传递正能量的活动。这将是一次成长的历练，也会是一段难忘的旅程。在训练营里，孩子们不仅可以锻炼身体，还可以提升思想、磨炼意志。希望大班的孩子们能通过这次国防训练活动，掌握基本军事知识，树立国防意识，激发爱国热情，培养团结协作及组织纪律观念，发扬不怕苦不怕累的精神。这次国防训练活动为孩子们的幼儿园生活添上了浓墨重彩的一笔，成为他们成长历程中一段美好的回忆。今日训练的小兵，来日定能捍卫我中华尊严！

（案例提供：钮静、欧阳莉老师）

后记

在阅历课程体系的建构与实施过程中，我们经过多次实践探索、反思调整，从脚步匆匆、追求立竿见影到放慢脚步、静待花开，以"慢"和"深"的理念支持课程的探究，为幼儿提供了宽广的可发现、可操作、可思考、可探索的空间。在观察、了解每一个幼儿的基础上，实现师幼的共建、共构、共成长。

阅历课程的建构立足于我园20多年来对园本课程建设的探索。镇江市"十二五"教育科学规划课题——"阅'无形之书'培养幼儿语言表达能力的实践研究"，为阅历课程的研究与实施奠定了课程建设的基础并提供了宝贵的经验。

我们将阅历课程的课程理念定位为慢阅读、深游历、润泽生命之成长。以"牵着'蜗牛'去旅行"的心态，沿着"生本、班本、级本、园本、园区"五级课程内容的轨道用充足的时间陪孩子沉浸在一本书或一件事中，获得体验，丰富阅历，促进全面发展。阅历课程顺应儿童发展本身的需要，尊重儿童生命成长的规律。各领域相互影响、相互连接，最终在个体的身上完整地表现出来。让教育"像呼吸一样自然""像游戏一样快乐""像阳光一样温暖"，是我们最美好的教育愿景。

感谢镇江市教育科学研究中心赵联副主任、润州区教师发展中心苗俊副主任指导我们成功申报江苏省教育科学"十四五"规划重点课题和江苏省"十四五"中小学教学研究第十四期立项课题，一路陪伴并引领我们在研究之路上逐光而行、行将致远。

　　本书凝聚了全体编写组教师的智慧。每一个园本创作的项目活动案例都融入了编写组教师的独到见解和教育心得，见证了我园教师的专业成长。书中第一章到第四章由张裔编写，第五章案例部分全部为我园一线教师原创与编写。编写组多次组织召开编审工作会议，层层审议，反复研讨，数易文稿，最终完稿。受限于编者的理论水平和实践能力，本书的部分内容还显得比较稚嫩，有待进一步修改、充实和完善。课程建设是一条没有终点的跑道，我们才迈出了一小步，希望可以得到更多专家和同仁的批评指正！